Elektriker ausbilden in

Bangladesch

Jakob Schaub

Elektriker ausbilden in
Bangladesch

Bibliografische Information der Deutschen Nationalbibliothek
Die Deutsche Nationalbibliothek verzeichnet diese Publikation in der
Deutschen Nationalbibliografie; detaillierte bibliografische Daten sind
im Internet über http://dnb.d-nb.de abrufbar.

Covergrafik: Design Ful/ Shutterstock.com

Satz, Cover und Verlag: BoD · Books on Demand GmbH, Überseering 33,
22297 Hamburg, bod@bod.de
Druck: Libri Plureos GmbH, Friedensallee 273, 22763 Hamburg

ISBN: 978-3-7583-3677-5

> **Was du sagst, verweht im Winde, nur was du tust, schlägt Wurzeln.**
>
> (Karl Hinrich Waggerl)

Jakob Schaub (1944) absolvierte eine Lehre als Elektriker. Nach bestandener Amateurfunkprüfung stellte er sich dem Roten Kreuz für einen Einsatz als Funker zur Verfügung. Vom IKRK wurde Jakob als Funker in Dhaka, der Hauptstadt von Bangladesch, eingesetzt. Seine Aufgabe war es, die Kommunikation zwischen Dhaka und Genf sicherzustellen.

Geschockt von der dort herrschenden Armut und mit der Erkenntnis, dass nicht die armen Länder, sondern wir mit unserem Wohlstand auf dieser Welt die Ausnahme sind, nahm er sich damals vor, sich für dieses Land sozial einzusetzen. Nach seiner Frühpensionierung setzte er dieses Vorhaben in die Tat um.

Zusammen mit seiner Frau Marty rief er am 10. November 2005 in Buchs SG den Verein Shanti-Schweiz ins Leben. Der Verein Shanti-Schweiz hat sich zum Ziel gesetzt, jungen Frauen und Männern aus sehr armen Familien, eine fundierte Ausbildung als Elektrikerin oder Elektriker zu ermöglichen.

In Rudrapur, einem Dorf im Norden von Bangladesch, entstand 2007 mit Hilfe der lokalen Nichtregierungsorganisation Dipshikha («Lichtfunken» in Bengalisch) die erste Elektrikerschule. Inzwischen wurden schon in acht Lehrgängen jeweils 25 Lehrlinge (Schüler) ausgebildet. Dabei setzt Jakob Schaub, zusammen mit freiwilligen Helfern, auf das duale Bildungssystem der Schweiz. Die derzeitige Bilanz zeigt, dass sich sein Engagement lohnt. Bisher haben alle Lernenden eine qualifizierte Arbeit gefunden und können ihre Familien nachhaltig unterstützen.

Am 11. Januar 2020 konnte in Paturia, 140 km westlich der Hauptstadt Dhaka, ein zweites Ausbildungszentrum für Elektriker eingeweiht werden.

Wir sind die Ausnahme!

Es fiel mir wie Schuppen von den Augen, dass nicht die Armen in ihrem grenzenlosen Elend weit weg von uns zuhause die Ausnahme sind, sondern dass wir die Ausnahme sind auf dieser Welt, wir, die in einem gewissen Wohlstand leben dürfen und uns nicht um das tägliche Brot kümmern müssen.

Jakob Schaub

Inhalt

Einleitung

Es geschah im Januar 1972 – beim Flughafen von Dhaka[1], der Hauptstadt von Bangladesch. Dort wurde ich durch Angestellte des Internationalen Komitees vom Roten Kreuz (IKRK) mit einem Taxi abgeholt. Es war, obwohl das Fenster neben mir halb offen war, drückend heiss. Im stockenden Verkehr bewegten wir uns im Schritttempo in Richtung der IKRK-Büros. Den halben Weg hatten wir bereits geschafft, als plötzlich jemand ans Fenster klopfte. Ich sah hinaus. Mir stockte der Atem. Eine Fratze, die in jedem Horrorfilm die Leute erschreckt hätte, starrte mich an. Der Unterkiefer war weg und anstelle der Nase klaffte ein grosses Loch, das die Sicht bis zum Gehirn freigab.

«Go! Go!», schrie mein Nachbar ganz aufgebracht, «Geh weg! Geh weg!» Er befahl mir zugleich, das halb offene Fenster ganz zu schliessen. Nervös geworden kurbelte ich dieses hoch. Erst dann realisierte ich, dass eine armselige, in Lumpen gehüllte Kreatur uns die verkrüppelte fingerlose Faust bettelnd entgegenstreckte. Als ich fragend in die Runde blickte, meinten meine Mitfahrer nur: «Der hat hier nichts zu suchen.»

Ich hatte zum ersten Mal Bekanntschaft mit Lepra[2] gemacht, dieser schrecklichen bakteriellen Infektionskrankheit, welche die Nervenzellen angreift. Mir fuhr durch den Kopf, wie es wohl zu biblischen Zeiten gewesen sein mochte, denn schon im Alten Testament wird diese heimtückische Erkrankung als Aussatz erwähnt. Wie war es damals im Nahen Osten, als es dort noch zahlreiche Aussätzige gab, die, verjagt und verstossen, fern von jeder Zivilisation, ihr elendes Dasein zu fristen hatten? So jedenfalls hatte man es uns in der Sonntagsschule erzählt und dabei erwähnt, dass Jesus auch Aussätzige geheilt habe. Man hat uns Kindern diese armseligen Wirklichkeiten in allen Facetten geschildert. «Wisst ihr, die durften sich nur mit geräuschvol-

---

1   Frühere Schreibweise Dacca, heute Dhaka.
2   Lepra ist eine bakterielle Infektionskrankheit, welche die Nervenzellen angreift.

len Holzklappern jeweils den einzelnen Dörfern nähern.» Derartige Schilderungen fuhren seinerzeit auch bei mir als Heranwachsendem gewaltig ein. Und jetzt, hier in Bangladesch, hatte ich so einen Aussätzigen leibhaftig gesehen.

Unsere Fahrt ging weiter, aber der Schreck sass mir tief in den Knochen. Ich fragte mich, wie ein Mensch ohne Unterkiefer und ohne Finger essen kann. Dieses einschneidende Erlebnis hat meine spätere Tätigkeit tiefgreifend beeinflusst. Ich wünschte mir in der Folge davon sehr, mich später einmal für diese Ärmsten der Armen einsetzen zu können.

Jugendjahre

Ich wurde als dritter Nachwuchs in eine Arbeiterfamilie hineingeboren. In den Fünfzigerjahren des vergangenen Jahrhunderts waren in unserem Dorf die meisten Familien noch einfache Bauersleute mit eigenem Grund und Boden. Wir waren eine Grossfamilie, denn wir lebten zusammen mit den Eltern meines Vaters unter einem Dach. Mein Vater arbeitete in den vergangenen Dreissigerjahren in einem Steinbruch im Buchserberg, da es ansonsten kaum eine andere Arbeit gab. Die Arbeitslosenzahlen waren damals aufgrund einer Wirtschaftskrise sehr hoch. Erst später fand er eine für ihn passende Arbeit in einer Teppichfabrik. Er war als solcher aber immer noch eine Ausnahme in unserem Dorf, da die meisten noch von der Landwirtschaft lebten. Damals waren die Löhne gerade auch in den Fabriken für Männer wie auch für Frauen eher niedrig.

Meine älteste Schwester Rösli musste gleich nach der Primarschule als Magd auf einem Bauernhof arbeiten und somit zu unserem Lebensunterhalt beitragen. Die zweitälteste Schwester Vreni genoss hingegen das Privileg, eine kaufmännische Lehre absolvieren zu dürfen. Und die jüngste Schwester Erna gesellte sich als Nachzüglerin erst 15 Jahre später zur Familie. Sie absolvierte ihre Ausbildung in einem Modegeschäft, heiratete bereits in frühen Jahren und übte in unserem Verein *Shanti-Schweiz* während vieler Jahre das Amt als Kassiererin aus.

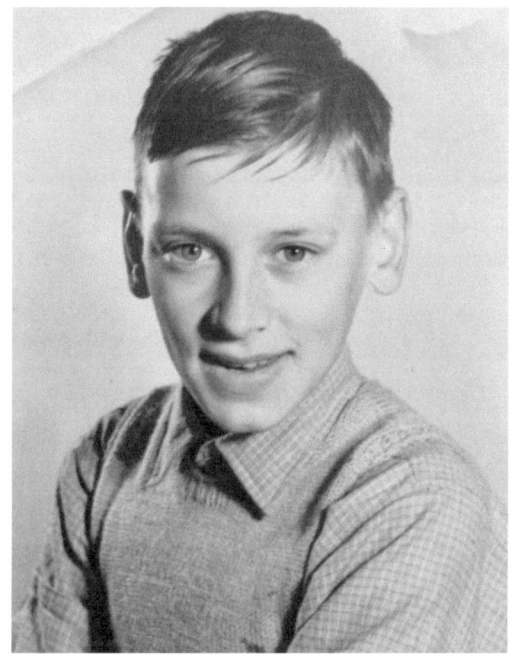

Jakob

11

Auf dem Kartoffelacker: meine Mutter, Schwester Vreni,
Grossmutter väterlicherseits und Jakob um 1950

Als Kinder haben wir – so wie alle anderen auch – viel gespielt, uns gezankt und auch einige Streiche ausgeheckt. Damals fuhren nur ganz wenige Autos durch unser Dorf, sodass wir auf der Strasse Fussball spielen konnten. Es gab weder Fernsehen noch die heutigen Computerspiele. Dennoch kannte unsere Fantasie kaum Grenzen und so erfanden wir in der Freizeit zusammen mit den Nachbarskindern jeweils eigene Spiele. Wenn wir dann aber inmitten unserer Begeisterung von den Eltern nach Hause gerufen wurden, weil es an der Zeit war, ins Bett zu gehen, so empfanden wir dies schon fast als Strafe. Hin und wieder wurde unsere Freizeit etwas eingeschränkt, wenn wir aufgefordert wurden, auf dem Kartoffelacker zu jäten und die Schädlinge einzusammeln. Das war für uns keine beliebte Beschäftigung. Hingegen war es im Herbst kein Muss, die dürren Kartoffelstauden anzuzünden und darüber rohe Kartoffeln zu braten. Ihren angenehmen Duft und den Rauchgeschmack habe ich heute noch in der Nase.

Mein Grossvater, den ich über alles liebte und schätzte, übte im Gemeinderat das Amt eines Armenpflegers aus. Heute bezeichnet man seinen damaligen Beruf als «Sozialarbeiter.» Als Verdingkind *(oder: Armeleutekind)* lernte er früh die Armut und das harte Leben auf einem Bauernhof kennen. Dies und die Entbehrungen im Ersten und Zweiten Weltkrieg formten ihn zu einem sehr sozial eingestellten Menschen. Er brachte seine Familie als Schifflisticker durch und war nach dem Zusammenbruch der Stickereiindustrie gezwungen, jede ihm angebotene Arbeit anzunehmen. Im Strassenbau ertrug er aber aufgrund eines Lungenleidens den Staub nicht und musste sich deshalb eine andere Arbeit suchen. Der sozialen Missstände und der Arbeitslosigkeit wegen trat er als überzeugtes Mitglied der Sozialdemokratischen Partei bei und half mit, arme Mitbürger zu unterstützen. Als er in den Gemeinderat gewählt wurde, übertrug man ihm schliesslich das unbeliebte Amt eines Vormunds. Als solcher hatte er verschiedene Mündel zu betreuen, zum Teil echt schräge Vögel, meist aber harmlose Gesellen.

Einmal sollte er einen Arbeitsscheuen in die Justizvollzugsanstalt Realta ins bündnerische Domleschg begleiten. Doch bereits in Buchs verlor er diesen aus den Augen und verpasste prompt den Zug. Ihm blieb nichts anderes übrig, als den nächsten bis Sargans zu nehmen. Er wusste genau, wo er seinen Ausreisser zu suchen hatte: im Bahnhofbuffet! Dort sass dieser bereits vor dem zweiten grossen Bier und begrüsste meinen Grossvater mit den Worten: «So, bisch au scho do.» Nun, das Bier konnte er noch kostenlos geniessen (er hatte ja kein Geld im Sack). Danach musste er dann aber doch aufgrund eines vor einiger Zeit getätigten Diebstahls ins Gefängnis.

Mein Grossvater hatte wahrlich mit einigen ganz besonderen Gesellen zu tun. Als er einmal einen seiner Mündel, einen richtigen Vagabunden, fragte, wo er denn

Mein Grossvater während der Rationierung im Rathaus Buchs, 1940

eigentlich übernachte, gab dieser zur Antwort: «Wie der Heiland – in allen Krippen.»[3]

Ein anderes Original, ein Gelegenheitsarbeiter und Alkoholiker, Märty mit Namen, durfte beim Pfarrer in Oberschan während einiger Tage das Holz spalten. Jeden Tag brachte ihm die Magd Wurst und Brot sowie einen Schnaps zum Znüni. Eines Tages vergass sie jedoch, ihm seinen Vormittagsimbiss zu bringen. Plötzlich hörte der Pfarrer, wie draussen jemand lärmte. Als er zum Fenster hinausschaute, war ausser dem Märty jedoch weit und breit niemand zu sehen. «Was ist denn los, Märty, warum schreist du denn so?» Ja, es sei gerade eine Frau vorbeigegangen und habe ihn gefragt, ob er schon sein Znüni gehabt habe. «Das geht die doch nichts an!», grinste er dem Pfarrer entgegen. – Einige Minuten später hatte er seinen gewünschten Imbiss – inklusive des dazugehörenden Schnapses.

Mein Grossvater ermutigte mich jeweils auch, wenn wieder ein neues Schuljahr begann. Wenn ich nur noch die sprichwörtliche Wand vor mir sah, meinte er kurz und treffend: «Aller Anfang ist schwer.» Wie recht er doch hatte! Jeder Mensch muss im Laufe seines Lebens einige Male neu anfangen.

Ebenfalls eine Form der Schule, die es heute nur noch ganz selten gibt, war damals die Sonntagsschule. Dort gab es immer wieder biblische Geschichten zu hören, die mich berührten. Aber auch die einzelnen Berichte von Missionaren faszinierten mich. Wenn wir dann jeweils gegen Schluss der Stunde unser Zwanzigrappenstück dem nickenden dunklen Männlein spenden durften, so war auch für uns Kinder klar, dass wir jetzt eine gute Tat vollbracht hatten.

---

3   In unserer Gegend wird als Krippe oder Futterkrippe in einem Stall die Rinne bezeichnet, wo das Gras oder das Heu an das Vieh verfüttert wird.

Im gleichen Gebäude, in dem früher der Kindergarten untergebracht war, führte Herr Blöchliger von der Heilsarmee in einer Jugendstunde einen Stummfilm vor, natürlich in Schwarzweiß. Wir glaubten fast an Zauberei, als wir sahen, wie die auf die Leinwand projizierten Bilder plötzlich lebendig wurden. Blätter und Sträucher bewegten und wiegten sich im Wind und Vögel flatterten plötzlich auf und davon. Wäre da nicht das laute Rattern des Filmprojektors gewesen, hätte man wohl eine Stecknadel fallen hören können. Wir waren alle wie gebannt.

Herr Blöchliger war nicht nur ein guter Unterhalter, sondern auch ein begnadeter Kunstmaler. Beim Hauseingang hing ein Bild von ihm, das ich heute noch – viele Jahrzehnte später – in lebhafter Erinnerung habe. Dargestellt war in ausdrucksvollen Farben ein Segelschiff auf stürmischer See mit dem kurzen Reim: «*Wenn des Lebens Stürme toben, richte deinen Blick nach oben.*»

In der Kindheit war ich eher ein Einzelgänger und fertigte gerne Sachen an, deren Bastelanleitungen ich in Zeitschriften entdeckte. So baute ich ein funktionierendes Grammophon, bestehend aus einem drehbaren Holzteller und einem «Zündholzschächteli» mit einer Nadel als Tonabnehmer. Beim Drehen ertönte tatsächlich Musik, natürlich in jämmerlicher Qualität. Als ein Nachbar das sah, staunte er nicht schlecht und meinte, dass sollte man dem «Gelben Heft», einer Zeitschrift, die in fast jedem Haushalt anzutreffen war, mitteilen. Dazu ist es aber nicht gekommen. Wenn ich heute über meine Jugendzeit nachdenke, so erinnere ich mich auch an die seinerzeitigen Besuche von Hausierern. Unter diesen gab es nicht wenige Originale, so wie beispielsweise das «Chellawiibli», welches geschnitzte Küchenutensilien aus ihrem Rucksack anbot. Ein besonders urwüchsiger und bodenständiger Mann war auch der «Zündhölzlimaa» mit seinen riesigen Ohrläppchen. Vor diesem hatte ich als kleiner Junge immer eine panische Angst und verkroch mich jeweils unter dem Sofa, wenn er zu uns auf Besuch kam. In lebhafter Erinnerung ist mir aber auch das «Wurscht-Bethli» geblieben. Diese Frau verteilte jeweils Tag für Tag die bestellten Fleischwaren einer Metzgerei und rauchte dabei immer dicke Toscani-Zigarren. Fahrradfahren konnte sie nicht. Sie stiess deshalb den Anhänger immer vor sich her und qualmte dabei ihre geliebten «Stumpen.»

Meine Mutter hatte Mitleid mit diesen «fahrenden Händlern», die ohne spezielle Bewilligungen ihre Geschäfte machten, und kaufte ihnen gerne hin und wieder etwas ab. Als diese «Lebenskünstler» verstarben, ging in unserer Kultur doch einiges verloren. Diese speziellen Erdenbürger wurden durch Krawatten tragende Handelsvertreter ersetzt, die längst nicht mehr so viel Farbe ins Leben brachten wie die seinerzeitigen Dorforiginale. Nun boten gewiefte Verkäufer Radiogeräte und Staubsauger an und hauten mit zum Teil teuren Fantasiepreisen da und dort die Leute übers Ohr. Als ich 1954 in der vierten Primarklasse war, kaufte mein Grossvater bei so einem Handelsreisenden ein grosses Radiogerät. Einen ganzen Monatslohn musste er dafür hinblättern! Wenn wir uns abends vor dem teuer eingekauften Radiogerät versammelten und wenn dabei ein Hörspiel oder die Nachrichten gesendet wurden, so lauschte die ganze Familie aufmerksam. Es herrschte dann absolute Stille in der Stube. Mein Interesse galt mehr der Technik als der Radiosendung. Fasziniert beobachtete ich die rotglühenden Radioröhren, die gespenstische Schatten auf die Stubendecke warfen, und das grüne magische Auge, das sich bei der Sendereinstellung lautlos bewegte. Auf UKW (Ultrakurzwelle) konnte man gut den Südwestfunk aus Deutschland empfangen. Ich habe heute noch lebhaft in den Ohren, wie – obwohl der Zweite Weltkrieg längst vorüber war – noch immer Vermisstmeldungen auf diesem Sender durchgegeben wurden: «Vermisst wird in Stalingrad ... zuletzt gesehen beim Rückzug aus Demjansk ... letztes Lebenszeichen aus Sibirien ...» Damals war mir nicht bewusst, wie viele Männer in den Krieg ziehen mussten und ihre Heimat nie wieder sehen sollten.

Etwas ganz anderes war das Fernsehen. Während meiner Sekundarschulzeit gab es nur zwei Geräte in unserer Umgebung. So wurden meine Schwester Vreni und ich eines Abends zusammen mit vielen anderen aus dem Dorf zu einem Fernsehabend beim Drogisten eingeladen. Das war ein Erlebnis der ganz besonderen Art. Gebannt verfolgten wir die Werbung und die darauffolgende Tagesschau. Alles selbstverständlich nur in schwarzweisser Bildqualität. Wenn ein Auto oder ein Motorrad vorbeifuhr, ärgerten wir uns, weil dann jeweils der Fernsehempfang gestört wurde. Der Bildschirm wurde dabei mit «Schneeflocken» überzogen und vom Ton war jeweils nur noch ein Knattern zu hören.

Einige Freizeitbeschäftigungen, denen ich damals nachging, haben sich bei mir denn auch entsprechend tief eingeprägt. Sie sollten Folgen bis weit hinein ins Erwachsenenalter haben. Es war so, dass ich bereits als Kind immer sehr viel bastelte.

Und dies bereits schon als kleiner Bub. Tagelang konnte ich mich mit einem Metallbaukasten der Firma Märklin beschäftigen, schraubte mir einen Traktor zusammen, zerlegte diesen dann aber wieder, und bastelte danach eine Windmühle. Als heranwachsender Jüngling faszinierte mich die Technik also schon ganz früh.

Damals gab es gewisse Plätze, meist Bodenvertiefungen, in denen man defekte Gegenstände, Alteisen, Flaschen und vieles mehr abladen und entsorgen durfte. Wir bezeichneten solche Orte als «Gruschtloch.» Damals kippte man einfach alles in so eine Senke, ganz egal, um was für Dinge es sich handelte. Nach Umweltschutz fragte zu jener Zeit noch kaum jemand. Heute werden solche Plätze als *Deponien mit Altlasten* bezeichnet und müssen mit grossem Aufwand entsorgt werden.

Ab und zu kam es vor, dass meine Mutter mich rügte, weil ich in ihren Augen den Plunder und Krempel anderer von dort mit nach Hause brachte. Dieser Ort war einfach wie eine Wundertüte für mich, voll von interessanten Dingen. Und so suchte ich dort stundenlang nach technischen Sachen, kehrte Töpfe um und schaufelte vieles frei. Angst hatte ich dabei keine, ausser wenn es plötzlich verdächtig raschelte und Ratten – so gross wie Katzen – davonstoben. Dann hatte ich doch ein ziemlich mulmiges Gefühl im Magen. Und dennoch fand ich, zum Leidwesen meiner Mutter, immer wieder neue Gegenstände, die ich wertvoll wähnte und die mich interessierten: Wecker, Wanduhren, Taschenlampen, Sackmesser, kleine Blechspielzeuge, Bügeleisen, Elektromaterial und sogar Radioröhren.

Dedektorempfänger, Bild aus: «Elektrotechnik für Jungen» von Heinz Richter

Wenn ich jeweils beladen mit Schrott und Krimskrams wieder daheim ankam, so begann ich die einzelnen «Schätze» zu zerlegen, um zu sehen, wie die «Einge-weide» funktionierten. Mit zunehmendem Alter gelang mir manchmal sogar eine Reparatur. Später fand ich in einem Buch eine Bastelanleitung für ein einfaches Radiogerät, das ich unbedingt nachbauen wollte. Mein erstes Taschengeld ver-diente ich mir als Kuhhirt. Damit kaufte ich das im Buch aufgelistete Material ein und schraubte und lötete, bis ich das abgebildete Radio, auch Detektorempfänger genannt[4], vor mir hatte. Stundenlang drehte ich den Knopf für die richtige Sen-

---

4 Kleines Radio für Mittelwellenempfang

dereinstellung. Dann plötzlich ertönte gut hörbar Musik aus den Kopfhörern. Ich erschrak und bekam sogar Gänsehaut vor lauter Glück. Dieses kleine Radiogerät funktionierte ganz ohne Strom, brauchte also weder Batterien noch einen Netzanschluss. Die Energie von einer langen Drahtantenne und einer Erdverbindung genügte, um es zu betreiben. Ich konnte damit bestens den Sender Vorarlberg hören und mir die neuesten Schlager und Hits zu Gemüte führen. Und dies, ohne dass die Eltern es merkten, bis gegen Mitternacht oder gar später. Hin und wieder wurde zwar schon die Frage gestellt, ob ich schlecht geschlafen hätte, was ich dann aber ein wenig schelmisch lächelnd verneinte.

Berufliche Ausbildung und Militär

Mein Interesse an der Elektro- und Radiotechnik wuchs und für mich stand fest, dass ich Elektriker werden wollte. Nach einem Eignungstest beim Berufsberater durfte ich mich beim Elektrizitätswerk in Buchs bewerben. Da aber von diesem Arbeitgeber nur jedes zweite Jahr eine Lehrstelle angeboten wurde, hatte ich, da die Wahl auf mich fiel, gleich doppeltes Glück.

Als ich den Betriebsleiter Werner Fausch fragte, was ich am ersten Arbeitstag alles mitbringen müsse, meinte dieser nur: «Ein sauberes ‹Übergwändli› und einen guten Willen.» – Er war während der vier Lehrjahre wie ein Vater zu mir. Mit viel Einfühlungsvermögen erklärte er mir jeweils mit einer Engelsgeduld alles bis ins letzte Detail. Von anderen Lehrlingen hörte man ab und zu, dass ihre Vorgesetzten mürrisch und aufbrausend waren.

Mein Lehrmeister war da ganz anders. Er war von einer enormen Ausgeglichenheit geprägt und immer sehr fair zu mir. Kein Wunder, dass diese vier Jahre mir im positiven Sinne detaillierter in Erinnerung blieben als die neun Schuljahre zuvor.

Während meiner Lehrzeit fand im Kirchgemeindesaal Räfis ein Diavortrag statt, der bei mir einen besonderen Eindruck hinterliess. Hilda Leuzinger aus unserem Dorf berichtete über ihre Tätigkeit beim damals sehr bekannten

Als Lehrling 1962, rechts
Lehrmeister Werner Fausch

21

‹Urwalddoktor› Albert Schweitzer[5] in Lambaréné, Afrika. An diesem Abend – vor mehr als sechzig Jahren! – wurde ich in ganz besonderer Weise berührt. Es war schon fast wie ein Schlüsselerlebnis. Jedenfalls wurde ich davon überzeugt, dass man den Ärmsten auf dieser Erde unbedingt vermehrt Hilfe entgegenbringen sollte.

Im Grofschulhaus in Buchs besuchte ich im Winter fleissig vom Militär organisierte Morsekurse[6], um das Telegrafieren zu erlernen. Meine Kollegen verbrachten die Freizeit im Musikverein oder im Fussballclub und ich büffelte so etwas Exotisches. Wozu? Damals hätte ich auf diese Frage keine Antwort gewusst. War es Zufall? Das dort erlernte Fachwissen konnte ich aber kurze Zeit später in der Rekrutenschule (RS)[7] anwenden, wo man mich den Funkern zuteilte. Die jüngere Generation kennt die Morsezeichen bestenfalls noch aus der Anfangszeit der «Natels.» Wenn sich eine

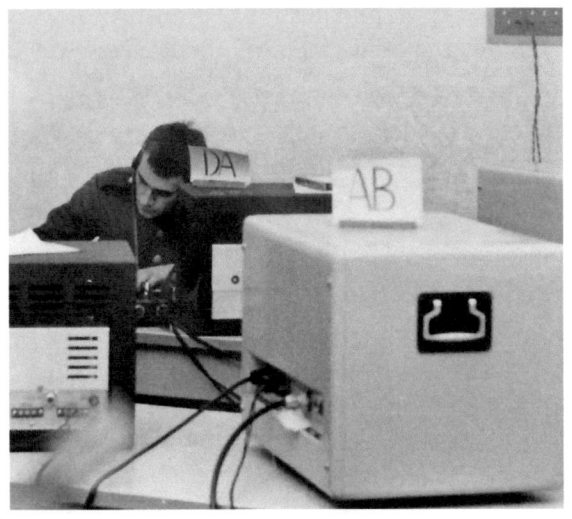

In der Rekrutenschule 1964

SMS anmeldete, ertönten drei kurze, dann zwei lange und nochmals drei kurze Töne. Das sind Morsezeichen und bedeuten «SMS.»

In meine Ausbildungszeit fiel auch die «Seegfrörni.» Es war über viele Wochen hinweg dermassen kalt, sodass der Zürichsee wie aber auch der um Etliches grössere Bodensee zufroren und tragende dicke Eisschichten bekamen. Per Auto konnte man nun auf direktem Weg auf die andere Seite des jeweiligen Sees gelangen. Aber auch Pferdefuhrwerke, Schlittschuhläufer

---

5 Ludwig Philipp Albert Schweitzer war ein deutsch-französischer Arzt, Philosoph, evangelischer Theologe, Organist, Musikwissenschaftler und Pazifist. Er gilt als einer der bedeutendsten Denker des 20. Jahrhunderts.

6 Der Morsecode, entwickelt von Samuel Finley Breese Morse (1791–1872), zusammen mit seinem Mitarbeiter. Die Telegrafie wurde von S. F. B. Morse in Zusammenarbeit mit weiteren Forschern entwickelt.

7 RS, militärische Grundausbildung in der Schweiz

und zahlreiche vor Freude jauchzende Kinder traf man an, die auf dem Eis fangen spielten. Und nicht zu vergessen sind auch die Verkaufsstände, wo man damals noch zu einem günstigen Preis eine Tasse heissen Kaffee oder einen Punsch angeboten bekam.

Der eiskalte Winter 1963 bescherte uns im Elektrizitätswerk aufgrund etlicher Unterbrüche und Störungen viel Arbeit. Die elektrischen Netze waren völlig überlastet. Das Ganze hinderte mich aber dennoch nicht daran, als Weihnachtsgeschenk für meine Eltern bei uns zuhause das erste Telefon zu installieren – einen an der Wand montierten schwarzen Kasten mit einer Wählscheibe und einem klobigen Telefonhörer, der im Anschluss an ein Gespräch an einem Haken eingehängt werden musste. Bis dahin war das nächste Telefon rund dreihundert Meter von unserem Daheim entfernt in einem Wirtshaus installiert. Wenn beispielsweise unser Rösli, welches damals in Tiefencastel wohnte, uns anrief, so musste jemand vom Personal uns eiligen Schrittes aufsuchen und zu sich ins Restaurant holen. Und auch wir rannten dann jeweils, was das Zeug hielt. Denn das Telefonieren war damals sehr, sehr teuer. Ständig hörte man durch ein Klicken im Gebührenmelder, dass man nun wieder um zehn Rappen ärmer geworden war. Walter Brügger, ein Oberstift[8] von mir, hatte bereits die Lehrabschlussprüfung wie auch die Rekrutenschule hinter sich gelassen, als er sich 1962 dazu entschloss, für einige Monate herumzureisen und als «Globetrotter» die Welt anzuschauen, wie er sich mir gegenüber ausdrückte. Wie habe ich ihn doch beneidet und aufgrund seiner bunten Schilderungen ein wenig Fernweh verspürt! Deshalb habe ich mich fest dazu entschlossen, im Anschluss an meine Ausbildung dies ebenfalls zu tun. Sein damaliges erstes Reiseziel war der Westen von Kanada, weiter kam er nicht mehr. Denn dort blieb er hängen, fand Arbeit und heiratete – und ist geblieben. Unser gegenseitiger Kontakt ist nie abgebrochen, früher brieflich und heute übers Internet.

Die Lehrabschlussprüfung nahte mit Riesenschritten und ich lernte fleissig, um ein gutes Resultat zu erzielen. Die Lehrbriefverteilung fand im neuerbauten Hotel «Drei Könige» in Sevelen statt. Bei dieser Feier waren alle Berufe zugegen. Jeweils die besten wurden auf die Bühne gerufen. Plötzlich fiel auch mein Name. Hatte ich

---

8 Umgangssprachliche Bezeichnung für den Auszubildenden, der ein Jahr oder länger in der Lehre ist.

richtig gehört? Für mich war das nicht Wirklichkeit und ich stieg mehr roboterhaft als stolz die kurze Treppe empor. Doch es war alles wahr: Ich hatte es geschafft. Als erster Lehrling vom Elektrizitätswerk (EW) Buchs durfte ich mich ins «Goldene Buch der Lehrlinge» eintragen! Leider konnte ich die Freude mit niemandem teilen. Weder meine Eltern noch die Verantwortlichen für die Ausbildung hatten mich dorthin begleitet.

Meinem Fähigkeitszeugnis waren einige Leitgedanken beigelegt worden, denen ich mein ganzes Leben lang nachzuleben versuchte:

- Der gute Fachmann liebt seinen Beruf, achtet seine Berufskameraden und führt seine Arbeit jederzeit nach bestem Wissen und Gewissen aus.
- Der pflichtbewusste Fachmann erfüllt seine Aufgaben gegenüber Familie und Vaterland treu und gewissenhaft.
- Der weiterblickende Fachmann bildet sich in seinem Beruf weiter. Es ist sein Bestreben, immer an der Kräftigung und Stärkung seines Berufsstandes mitzuarbeiten, zum Wohle des gesamten Volkes und unseres schönen Heimatlandes.

Nach dem Lehrabschluss durfte ich bis hin zur Rekrutenschule weiterhin beim EW in Buchs arbeiten, um etwas Geld zu verdienen. In dieser Zeit machte ich Bekanntschaft mit Friedrich Tinner, einem Radioamateur aus Buchs, der rund um die Welt den Kontakt mit anderen Gleichgesinnten pflegte. Sein Rufzeichen war HB9AAQ[9]. Um eine Funkstation[10] zu betreiben, benötigte man eine Lizenz und diese konnte nur bei der damaligen PTT[11] erworben werden. Internationale Vorschriften schrieben eine Prüfung in Morsetelegrafie sowie gute Kenntnisse in der Radiotechnik und in den Regeln des Funkverkehrs vor. Ein Telegrafist übermittelte und empfing die Nachrichten via Morsezeichen. Dabei wurden internationale Kürzel angewendet, die jeder, egal welche Sprache er sprach, verstand.

Ich interessierte mich immer mehr für den Amateurfunk, ein Hobby, dem Hunderttausende auf der ganzen Welt frönen. Mit Freds Hilfe schaffte ich nach ein paar Monaten die Aufnahmeprüfung und war nun unter dem Rufzeichen HB9AHY auf

---

9   Die Rufzeichen bezeichnen das Land und den Inhaber der Lizenz.

10 Funk, funken: In den Anfängen der drahtlosen Überragung wurden die Radiowellen durch Funken erzeugt.

11 PTT = Post-, Telefon- und Telegrafenbetriebe

Kurzwelle zu hören. Aufgrund der erhaltenen Lizenz war ich nun berechtigt, eine eigene Sendestation zu betreiben. Ich schaffte mir in der Folge eigene Sende- und Empfangsgeräte an. Ab sofort konnte und durfte ich also weltweit mit allen Amateurfunkern Verbindung aufnehmen. Die Richtstrahlantenne auf dem Dach, mit der ich die ganze Welt per Funk erreichen konnte, war ein Eigenbau.

Meine erste Funkstation 1968

Die Amateurfunker haben eine eigene Sprache, innerhalb derer man sehr oft mit Abkürzungen arbeitet. So bedeutet QRL beispielsweise Beschäftigung, QSB wiederum steht für Störung und so weiter. Mit solchen und anderen Q-Codes tauscht man Nachrichten aus. Aber die internationale Umgangssprache ist selbstverständlich Englisch.

Nach der Rekrutierung für den Militärdienst war klar, in welcher Sparte ich die Rekrutenschule absolvieren sollte. Bei den Funkern wurden immer wieder junge Männer mit Morse-

Richtstrahlantenne in Räfis, Eigenbau

kenntnissen gesucht. So lag es auf der Hand, dass ich die siebzehn Wochen in dieser Abteilung hinter mich brachte. Während dieser Zeit lernte ich auch einige Berufstelegrafisten kennen, die als Schiffsfunker auf den Weltmeeren zuhause waren.

Damals waren die Seefahrer auf eine Funkverbindung mit dem Festland angewiesen, um für ihre Schiffe die Wetterdaten zu erhalten. Für die Kommunikation bediente man sich der besagten Morsezeichen, also der Telegrafie. Es gab noch keine

Satelliten für die Navigation und den Wetterdienst. Bei einem Bier im Mannschafts-raum erzählten uns diese WK-Soldaten als erfahrene Telegrafisten von ihren Fahr-ten auf hoher See, von ihren Erlebnissen und Abenteuern in Südamerika, in Afrika und in Asien. Fremde Länder und fremde Kulturen – all das faszinierte mich immer mehr. Die meisten unter ihnen hatten auch schon einen Einsatz beim IKRK (Inter-nationales Rotes Kreuz) hinter sich, so im Jemen, in Korea und in anderen damaligen Krisengebieten. Was da alles so erzählt wurde, weckte in mir eine enorme Abenteuer-lust. Schliesslich überredete ich einen Kameraden, mit mir zusammen nach der RS die Schiffsfunkerschule in Bern zu besuchen. Es kam aber ganz anders. Amor schoss gleich zwei Pfeile ab. Mein Kollege wurde frühzeitig Vater und ich selber hatte plötz-lich auch ganz andere Interessen. Mit dem Fernweh war es also vorläufig vorbei.

Gründung einer Familie

Viele Ehen, die in der heutigen Zeit geschlossen werden, dauern oftmals kaum mehr ganze zehn Jahre lang. Dies sah damals, als ich im Jahre 1967 meine Frau heiratete, noch ganz anders aus. Ein eheliches Versprechen, welches man in der Kirche vor Gott und den Menschen gab, dauerte meistens, «bis dass der Tod uns scheidet.» So war es auch bei meiner Frau und mir.

Begonnen hatte unsere Liebesgeschichte auf ganz unscheinbare Weise während der Zeit, als ich die Rekrutenschule absolvierte. Meine Tante besass ein Restaurant. Nach ihrer Ansicht war es schon längst an der Zeit, dass man mir ein *Fresspäckli*[12] hätte zuschicken sollen. Da sie selber jedoch keine Zeit fand, um dies zu tun, erteilte sie der Serviertochter Anweisung, dies zu erledigen. Meine Zukünftige war dort als Aushilfe tätig und wurde nun damit beauftragt, mir ein Paket mit allerlei Essbarem zukommen zu lassen. Einige Zeit später ging ich dann in dieses Restaurant, um mich für das erhaltene Fresspäckli zu bedanken. So sind wir uns dort zum ersten Mal begegnet. Da ich in der Regel für meine Besuche in diesem Restaurant Zeiten auswählte, in denen nicht allzu viele Gäste anwesend waren, fanden wir jeweils auch genügend Zeit, um uns austauschen zu können. Wir wollten voneinander wissen, wo jeder von uns aufgewachsen ist. Mich faszinierte an ihr, dass sie in eher ärmlichen Verhältnissen heranwuchs. Sie hatte noch elf weitere Geschwister. Genauso wie ich hatte sie somit nichts Materielles oder gar ein Vermögen anzubieten. Mir imponierte sehr, wie bescheiden, aber auch wie dankbar sie war. Ihr wiederum gefiel an mir, dass ich eher ein ruhiger Typ und kein Angeber war.

Es war zwar noch nicht die gegenseitige Liebe auf den ersten Blick. Doch da sie mir recht gut gefiel, war ich künftig vermehrt dort als Gast anzutreffen. Jedenfalls deutlich öfter als in früheren Zeiten. Und da sie mir auch vereinzelt gewisse Blicke

---

12 Ein Paket mit verschiedenen Esswaren: Schokolade, Biskuits, andere Süssigkeiten, Würste, Salzstangen, dann aber auch Toilettenartikel etc. – In der Schweiz kann man solche Pakete per Feldpost gratis den jeweiligen Rekruten und anderen Wehrdienstleistenden zukommen lassen.

zuwarf, die meinen Hormonspiegel in die Höhe trieben, fehlte für ein echtes Verliebtsein nicht mehr viel. Was Äusserlichkeiten anbelangt, waren diese weder für meine Frau noch für mich entscheidend. Für uns zählten ganz andere Werte. Zudem ist Schönheit ja auch immer ein sehr relativer Begriff und obendrein vergänglich. Mir jedenfalls gefiel sie ganz gut und das beruhte scheinbar auf Gegenseitigkeit.

Es folgte die Zeit, in der wir ab und zu miteinander ausgingen. An einem Abend dann, als wir zu zweit unterwegs waren, regnete es ziemlich stark. Das war Grund genug, um uns auch körperlich erstmalig ein wenig näher zu kommen. Irgendwann hat es dann halt zwischen uns gefunkt, wenn man dies als Funker so ausdrücken darf. Und dann waren sie auch plötzlich da – diese Schmetterlinge im Bauch. Wir lernten uns in der folgenden Zeit immer besser kennen und hatten letztendlich beide den Eindruck, dass wir füreinander bestimmt waren.

Wir verlobten uns 1966 und heirateten am 6. Mai 1967.

Selbstverständlich kamen bei all diesen Besuchen im Gasthaus wie aber auch zu späteren Zeitpunkten auch die Zukunftswünsche zur Sprache. Eine Ehe einzugehen, das war ja nicht zuletzt auch eine finanzielle Frage. Wir wollten beide auch Kinder haben. Diese wiederum sollten in einem finanziell gesunden Umfeld aufwachsen können. Deswegen musste, noch bevor der Heiratsantrag an die Reihe kam, erst einmal meine berufliche Sicherheit gewährleistet sein.

Zwei Jahre später heirateten wir. Bald stellte sich Nachwuchs ein. Martin erblickte das Licht der Welt in derselben Stunde, in der ihre Mutter verstarb. Beat folgte zwei Jahre später und machte das Familienglück vollkommen. Wir waren eine ganz gewöhnliche Familie und der Alltag bestimmte unser Leben. Später zogen wir wieder in mein Vaterhaus und lebten fortan mit meinen Eltern zusammen. Auf diese Weise konnten wir den bereits Betagten jederzeit auch unsere praktische Hilfe zukommen lassen.

Trotz der zunehmenden finanziellen Verantwortungen fanden wir dennoch die Möglichkeit, in Italien Ferien zu machen. Besonders die Buben genossen das Meer, plantschten gerne im salzigen Wasser und liessen sich liegend den Sand auf ihren Körpern von den Wellen abspülen.

Ein andermal durften wir auf der Alp Ratitsch oberhalb von Tiefencastel in den Bündner Bergen die Ruhe und die frische Luft geniessen, gemeinsame Wanderungen unternehmen und uns am Abend die hungrigen Bäuche mit einheimischen Köstlichkeiten, also mit Wurst, Käse, Obst und Brot vollstopfen. Dazu dann noch frische Kuhmilch. Herz, was willst du noch mehr! Solche Tage der Erholung waren angesichts der Tatsache, dass ich beruflich immer mehr eingespannt war, für mich immer ein Genuss.

Wie in meiner Jugend bastelte ich in meiner Freizeit, diesmal zusammen mit meinen inzwischen acht und zehn Jahre alten Jungs. Eine grosse Modelleisenbahn beschäftigte uns an vielen trüben und regnerischen Sonntagen. Bei schönem Wetter liessen wir Drachen oder auch Modellflieger steigen, auch wenn es da und dort mal eine Bruchlandung gab. Mit besonderem Stolz kurvten meine Söhne auch mit einem aus Holz zusammengezimmerten Elektroauto in der Gegend herum, eine Eigenkonstruktion von mir.

Batterieauto

Beat links und Martin während der Adventszeit in der Küche in Räfis.

Der Alltag im Berufsleben

Die Sechziger Jahre waren geprägt durch wirtschaftlichen Aufschwung. Es herrschte Hochkonjunktur. Ich war froh, dass mir nach der Rekrutenschule eine feste Anstellung beim Elektrizitätswerk angeboten wurde. Die galt damals als krisensicher. An Arbeit fehlte es ja nicht. In den ersten Jahren war ich mit Installationsarbeiten in Neubauwohnungen und in Gewerbebetrieben beschäftigt.

Einmal bekam ich den Auftrag, in der Verbandsmühle (heute Landverband) einen alten Versicherungsverteiler auszuwechseln. Die Arbeit war nur nachts möglich. Dank guter Vorbereitung konnte ich den Strom um drei Uhr früh wieder einschalten. Zuhause legte ich mich müde ins Bett. Zwei Stunden später läutete das Telefon. Am anderen Ende meldete sich die Polizei mit der Nachricht, in der Verbandsmühle sei eingebrochen worden und ich hätte eine Aussage zu machen. Der Fall war schnell geklärt. Als das Licht nach der Inbetriebnahme der neuen Schaltanlage wieder angegangen war, stieg ein Landstreicher durchs Kellerfenster in die Lebensmittelabteilung und bediente sich dort reichlich.

Jahrelang arbeitete ich auf der Kläranlage, in der Kehrichtverbrennungsanlage und in den EW betriebseigenen Kraftwerken, die immer wieder dem neuesten Stand der Technik angepasst werden mussten. Auch ich hatte wie meine Berufskollegen Pikettdienst und Feuerwehrdienst zu leisten. Nicht alltäglich in diesem Zusammenhang war ein gleichzeitiger Alarm der Feuerwehr und des Elektrizitätswerks. Die Meldung «Kehrichtbunkerbrand in der Verbrennungsanlage» verhiess nichts Gutes. Bereits von weitem sah ich den dichten Rauch. Vor Ort erfuhr ich dann, dass der Kran ausser Betrieb war, weil das Feuer die Steuerkabel beschädigt hatte. Ein solcher Brand konnte nur gelöscht werden, wenn der Kehricht im Bunker umgeschichtet wurde, und dazu brauchte es den Kran. Ein ungeschütztes Arbeiten in diesem Rauch war unmöglich. Es blieb mir nichts anderes übrig, als eine Gasmaske zu organisieren. Nach dem Auswechseln der defekten Kabel war mein Überkleid dermassen voller Russ und Dreck, dass ich es gleich in den Abfallbunker schmeissen konnte.

Für das stetige Bevölkerungswachstum von Buchs, dem industriellen Hauptort im St. Galler Rheintal, galt es, die entsprechende Infrastruktur zur Verfügung zu stellen. Die Strom- und die Wasserversorgung wurden dementsprechend ständig erweitert. Durch Einsätze bei Störungen lernte ich diese Anlagen bis ins kleinste Detail kennen. So wusste ich auch genau, wo sich der Abstellschieber befand, als bei einem Hydranten der innewohnende grosse Wasserdruck sich auf ungewöhnliche Art und Weise offenbarte. Ein besonders tapferer Schweizer, der nach seiner Entlassung aus dem Militärdienst zu tief ins Glas geschaut hatte, fuhr mit seinem Auto einen Hydranten um und blieb auf ihm hängen. Dort, wo sich die Druckkammer befand, war nun alles offen und als Folge davon schoss eine dicke Wasserfontäne in die Höhe. Das Auto kam exakt über dem Wasserstrahl zu stehen und wurde von ihm über einen Meter angehoben. Scheinbar schwerelos wiegte es sich leicht hin und her. Ich rieb mir meine Augen, denn ich konnte das Schauspiel, das ich bestaunte, kaum glauben. Erst als das Wasser abgestellt wurde, fiel es auf seine vier Räder zurück.

Meine Frau war Samariterlehrerin und organisierte eine Übung unter dem Titel «Elektrounfall.» Sie bat mich, ihr dabei zu helfen. «Im Kraftwerk haben wir genügend Platz, um Instruktionen abzugeben und Erste-Hilfe-Massnahmen durchzuführen», sagte ich. Zur Gestaltung von realitätsnahen Rettungsübungen sind Moulagen[13] unerlässlich. Als ich die grosse Maschinenhalle betrat, lag bereits ein struppiger Mann auf einer Bahre. Erstaunt rief ich aus: «Den habt ihr aber wirklich perfekt moulagiert, aber das Desinfektionsmittel stinkt wie Schnaps aus einer Bergwirtschaft.» Alle lachten. «Genau von dort kommt der her, wenn auch nicht mehr ganz nüchtern», ergänzte ein anderer. «Er ist vorhin mit seinem Moped gestürzt und nun verarzten wir ihn.» Nun, meinen Vortrag über die Verhütung elektrischer Unfälle dürfte ihn wohl weniger interessiert haben.

Viele Jahre ging es wirtschaftlich nur noch aufwärts. Dass sich dieser Trend einmal umkehren könnte, daran dachte niemand. Dann kam die Ölkrise im Jahr 1973. Heizöl und die Treibstoffe wurden knapp. Die Preise stiegen in schwindelerregende Höhen. Der Bund erliess ein Sonntagsfahrverbot. Die Autobahn gehörte an solchen Tagen den Fussgängern und Velofahrern. Plötzlich wurde allen bewusst, wie abhängig

---

13 Moulagen sind farbige dreidimensionale Imitationen von Verletzungen.

wir vom Öl und damit erpressbar geworden waren. Der Schock hatte auch positive Auswirkungen. Überall forschte man in der Folge davon im Bereich der Alternativenergien. Viele Solarfirmen drängten mit mehr oder weniger Erfolg auf den Markt. Schlussendlich haben aber nur wenige von ihnen überlebt.

Mit Röhrenkollektor bei minus 10 °C Dampf erzeugt

Mein Interesse an der Sonnenenergie wuchs. Ich abonnierte Zeitschriften, besuchte viele Ausstellungen und schloss mich dem Verein *GloboSol* an. Den übertriebenen Versprechungen von gewissen Neueinsteigerfirmen in die Solarbranche glaubte ich nicht immer. Ich kaufte einige Produkte ein, um damit eigene Versuche anzustellen, war damit aber nicht immer glücklich. Schlussendlich montierte ich eine Heisswasser-Kollektoranlage auf dem Dach. Leider fehlte und fehlt noch immer ein saisonaler

Speicher, der das Überangebot an Sonnenenergie im Sommer speichern und im Winter freigeben könnte. Aber wir hatten somit wenigstens im Sommer genügend heisses Wasser zur Verfügung und brauchten kein Öl während dieser Zeit.

Die Erzeugung von elektrischem Strom mit Sonnenlicht, die Fotovoltaik, stand

noch in den Kinderschuhen und war zu jener Zeit nur für kleine Anlagen bezahlbar. Auf rund 2′000 Metern über Meer, oberhalb von Tiefencastel, ersetzte ich wenige Jahre später in einer Alphütte die Gasbeleuchtung durch eine solche mit einem Solarmodul, einer Batterie und fünf Glühbirnen. Diese Anlage, erstellt anno 1983, ist heute noch in Betrieb. Einzig die Autobatterie musste ersetzt werden.

1984 erste Fotovoltaikanlage 33 Watt auf Ratitsch erstellt

Auf privater Ebene machte ich Anfang der Achtziger Jahre Versuche mit einer Kochkiste und einem Parabolspiegel, um Speisen mit der Sonne zu kochen. Weniger Erfolg hatte ich mit einem Elektro-Mofa, das mit Strom von einer Autobatterie angetrieben wurde. Die Technik war noch nicht so weit, denn die Batterien waren teuer und hatten eine kurze Lebensdauer. So benutzte ich weiterhin meinen Zweitakt-Benziner.

Solo-Elektro-Mofa für meinen Arbeitsweg

Aber warum tat ich dies alles? Ich war ja noch immer mitten im Berufsleben engagiert. Und dennoch fühlte ich mich innerlich wie gedrängt, derartige Versuche zu tätigen. Ein Zufall war dies bestimmt nicht, denn etliche Jahre später konnte ich vieles, was damals von mir getestet und erprobt wurde, in Bangladesch in die Praxis umsetzen.

Marty testete den Solarkocher mit der Zubereitung eines indischen Gerichts

Obwohl meine Arbeit im Elektrizitätswerk Buchs interessant war, hätte ich mich gerne beruflich verändert und mich etwas mehr mit Alternativenergien beschäftigt. Die Kündigung hatte ich bereits geschrieben, aber noch nicht abgeschickt. Dann geschah ein schrecklicher Betriebsunfall. An einem Vormittag fiel im ganzen Dorf der Strom aus. Per Funk wurde mir befohlen, mich sofort ins Kraftwerk zu begeben. Mir schwante nichts Gutes. Und richtig, im sonst lärmigen Maschinensaal war es totenstill. Entsetzt vernahm ich, dass der Chefmaschinist Hans Guntli mit der Hochspannung in Berührung gekommen und tödlich verunfallt war. Wie gelähmt, fast andächtig still und tief in Gedanken versunken machten wir uns daran, die Stromversorgung für das Dorf wieder herzustellen.

An einer anschliessenden Krisensitzung wurde mir die Verantwortung für die Automatisierung der Kraftwerke und den Umbau auf eine höhere Spannung übertragen. Ich hatte also zusätzlich diejenigen Aufgaben des unglücklich verstorbenen Hans Guntli zu übernehmen. Mit gemischten Gefühlen und mit einer gewissen Angst im Nacken trat ich meinen ersten Dienst im Kraftwerk an. Es war ein heisser, schwüler Sonntag. Abends nahte ein Gewitter. Ich überwachte im Kommandoraum die Generatoren, als ein gewaltiger Blitzschlag die Fundamente erzittern liess. Die Generatoren schalteten sich ab und liefen langsam aus. Als sie stillstanden, breitete sich eine gespenstische Ruhe aus. Inzwischen war es bereits dunkel geworden. Ein Blick hinab ins Dorf liess mich erschaudern. Dort, wo noch vor Minuten hellbeleuchtete Gebäude und Strassenzüge auszumachen gewesen waren, breitete sich nun eine bleierne, undurchdringliche Dunkelheit aus. Also wieder ein totaler Stromausfall, schoss es mir durch den Kopf. Es gelang mir, die Stromversorgung wieder aufzubauen. Als die Lichter im Dorf wieder angingen, fühlte ich mich zeitlos und war total verschwitzt. Die Bewährungsprobe hatte ich wohl bestanden, aber leider nicht ohne Folgen. Ich entdeckte plötzlich, wie meine Beine zu zittern begannen.

Als ich spät abends nach Hause kam, fragte mich meine Frau: «Was ist nur mit dir los? Warum wirkst du so niedergeschlagen?» Ich erlitt einen nervlichen Zusammenbruch und war psychisch in der Folge davon nicht mehr belastbar. Heute würde man dies wohl als ein *Burnout* bezeichnen. Meine Konzentration liess immer mehr nach. Dafür nahmen die nervlichen Anspannungen zu. Nervosität und eine noch nie dagewesene Reizbarkeit gegenüber meinen Mitmenschen prägten mich immer stärker. All dies erkennen zu müssen, schockierte mich zutiefst.

In den folgenden Nächten schlief ich schlecht und erwachte jeweils am Morgen schweissgebadet. In meinem Innersten hatte sich etwas verändert. Die Auswirkungen spürte ich auch körperlich wie beispielsweise die Appetitlosigkeit. Zudem verging mir jegliche Freude am Leben. Ich hörte gar nicht mehr, wie frühmorgens die Vögel sangen und zwitscherten. Und auch die Sonne schien nicht mehr für mich. Mein Leben wurde zusehends dunkler.

Meine Frau schickte mich zum Hausarzt. Die Diagnose lautete auf etwas, über das man früher gar nicht sprach – Schwermut oder wie man heute sagen würde, eine Depression. Die allgemeine Volksmeinung damals war, dass ein solcher Mensch «nicht mehr alle Tassen im Schrank» habe und in eine Heilanstalt gehöre. Aber der Arzt hatte viel Verständnis und erklärte mir, dass ich ganz einfach überlastet sei und mein Körper auf diese Weise reagiere. Er verschrieb mir ein Medikament zur Beruhigung, denn die Auswahl für eine gute Therapie war damals noch äusserst bescheiden.

Dennoch wurde mein Zustand immer schlimmer. Ich sah nur noch Berge an Arbeit vor mir und traute mir die einfachsten Dinge nicht mehr zu. Was ebenfalls zunahm, das waren gewisse Schuldgefühle. Selbst wenn es sich nur um Bagatellen handelte, fühlte ich mich für jede Kleinigkeit verantwortlich und wenn etwas falsch lief, dafür schuldig. Egal ob im trauten Daheim oder bei der Arbeit – ich war auf alle Fälle derjenige, der an allem schuld war. Schlussendlich konnte ich kaum mehr richtig atmen. Ich fühlte mich wie in einer Zwangsjacke, die mich immer stärker einzuengen drohte. Diesen Zustand hielt ich kaum noch aus und ich sah auch keinen Ausweg mehr aus der ganzen Misere. Meine Frau ahnte, dass ich womöglich suizidgefährdet war. Sie machte sich grosse Sorgen und wich kaum noch von meiner Seite. In der Folge verschrieb mir der Arzt noch stärkere Medikamente, die mich fast betäubten. Und auf einmal sah ich alles doppelt und verschwommen.

Es dauerte Wochen, bis sich mein Zustand ein wenig verbesserte. Das Ganze verlief jedoch ziemlich wellenartig. Da wechselte sich – teilweise in kurzen Abständen – eine Niedergeschlagenheit ab mit einem euphorischen Hochgefühl. Und dann wieder von himmelhochjauchzend bis zu Tode betrübt. Und dennoch kam mein Lebenswille langsam wieder zurück, worüber sich mein Umfeld, ganz besonders aber meine Frau, sehr freute. Summa summarum: Niemand kann Menschen, die von solch einer Depression betroffen sind, besser nachfühlen, als einer, der selbst durch diese Hölle gegangen ist. Ich möchte all denjenigen, die einmal in einer solchen Situation sind, zurufen: Es braucht Zeit, aber es gibt ein Licht am Ende des Tunnels. Ich selbst bin alles in allem gestärkt daraus hervorgegangen und lernte, mich durchzusetzen, und konnte gegenüber meinen Mitmenschen auch mal klar und deutlich «Nein!» sagen, was zuvor bei mir kaum möglich gewesen war.

Nachdem es mir wieder besser ging, verlagerte sich mein Aufgabenbereich mehr und mehr in die Stromproduktion und in die Verteilung der elektrischen Energie. Eine gewisse Angst und Beklemmung verspürte ich im Kraftwerk zwar immer noch, wenn ich an den Verstorbenen Hans Guntli dachte. Abermals liebäugelte ich mit einem Stellenwechsel. Und wieder wurden andernorts die Weichen gestellt. Das

Stimmvolk von Buchs hatte sich für die Erstellung einer Kabelfernsehanlage entschieden und diese Aufgabe dem Elektrizitätswerk Buchs übertragen. Für den Bau und das Betreiben einer solchen verlangte die PTT einen Konzessionsträger, der eine Prüfung in Radio- und Fernsehtechnik in Bern ablegen musste. «Als Radioamateur bist du der Einzige, den wir dorthin schicken können», meinte unser Direktor. So war ich anschliessend jahrelang mit dem Kabelfernsehen weit über die Gemeindegrenzen hinaus beschäftigt.

Nach dem Abgang des Direktors wurde der Betrieb neu organisiert. Ich wurde als Technischer Leiter über die gesamte Technik gewählt. Keine Würde ohne Bürde. Auch die Versorgung mit einwandfreiem Trinkwasser gehörte nun zu meinen Aufgaben. Ich war mir dessen Verantwortung bewusst, denn ohne Wasser gibt es kein Leben. Als eine Hauptleitung geplant wurde, hielt ich entgegen, dass es in einem Teilstück *totes Wasser* geben würde. «Was hast Du gesagt: *totes Wasser*?» «Ja, Wasser ist eine lebende Materie und stirbt, wenn es falsch behandelt wird.» In diesem Falle hätte das Wasser nicht zirkulieren können und die Folge wäre abgestandenes, stinkiges Trinkwasser gewesen.

Die Anwendung von Alternativenergien wurde nicht ganz vergessen. Gegen Mitte der Neunzigerjahre durfte ich bei der Planung einer grossen Fotovoltaikanlage auf dem Stauweiher des Kraftwerks Buchserberg mithelfen. Für diese Anlage erhielt das Elektrizitätswerk Buchs im Jahre 1998 sogar den Schweizerischen Solarpreis.

Mein Berufsleben war abwechslungsreich und viele technische Innovationen in dieser Zeit haben auch mein Leben nachhaltig verändert. Aber mehr noch haben mich zwei einschneidende Erlebnisse geprägt: Zum einen war es der Einsatz als Funker in Bangladesch, der mich in eine andere Welt blicken liess, und zum andern lernte ich die Armut der Adivasi, der Ureinwohnern von Indien und Bangladesch, kennen.

Solaranlage Vorderberg, Schweizerischer Solarpreis 1998. Die Idee kam ursprünglich von mir.

Im Einsatz für das Internationale Komitee vom Roten Kreuz (IKRK)

Wie fast alle anderen Familienväter zu jener Zeit hatte auch ich Militärdienst zu leisten. Die Wiederholungskurse (WKs) waren immer interessant. Dort traf ich jedes Mal auf Radioamateure oder professionelle Funker, die bei der Post, beim Militär oder für das Internationale Komitee vom Roten Kreuz (IKRK) arbeiteten. Von ihnen erhielt ich dann auch eine Adresse, bei der ich mich für einen temporären Einsatz beim IKRK als Funker bewerben konnte. Wenn bei einem grösseren «Ereignis» oder gar einem Krieg oder einer Naturkatastrophe zusätzliche Funker benötigt würden, so hätte ich sofort die Koffer zu packen und nach Genf zu dessen Hauptsitz zu reisen. Die schriftliche Vereinbarung, die ich unterzeichnen müsste, wäre für zwei Jahre gültig.

Als ich meiner Frau davon erzählte, blieb ihre Begeisterung in Grenzen. «Wenn das Risiko für solch einen Einsatz für dich nicht zu gross ist und er dir viel bedeutet, dann melde dich halt», meinte sie etwas bedrückt. «Es wäre mir schon lieber, du würdest als junger Familienvater darauf verzichten.» Aber nicht nur meine Frau musste einverstanden sein, sondern auch mein Arbeitgeber, denn bei einem Aufgebot würde ich über zwei Monate in der Installationsabteilung fehlen. Als wir uns einig waren, unterschrieb ich den Vertrag.

Kurz vor Ablauf dieses zweijährigen Vertrags traf das «Ereignis» ein und ich wurde für zwei Monate aufgeboten. Ostpakistan wurde von der westpakistanischen Armee überfallen, hatte sich dann aber in einem blutigen Unabhängigkeitskrieg die Freiheit erkämpft. Dieser brutale Krieg dauerte vom 25. März bis 17. Dezember 1971. Auch Indien war darin involviert und kämpfte an der Seite Ostpakistans. Die Besatzungsarmee der Westpakistani wurde vertrieben und aus Ostpakistan wurde der unabhängige Staat Bangladesch. An Heiligabend erhielt ich aus Genf folgende Briefzeilen: «Wir beehren uns, Ihnen mitzuteilen, dass das IKRK gegenwärtig die Organisation einer Hilfsaktion Indien-Pakistan prüft. Angesichts dieser Lage ersuchen wir Sie, sich bereit zu halten, einer in der nächsten Zeit möglicherweise erfolgenden Einberufung zu entsprechen.»

Das Internationale Komitee vom Roten Kreuz IKRK in Genf ist weltweit tätig. Seine humanitäre Mission besteht darin, das Leben und die Würde der Opfer in bewaffneten Konflikten zu schützen und menschliches Leid zu vermindern. Selbstverständlich sind die IKRK-Einsätze jeweils auch mit gewissen Risiken verbunden. Darüber diskutierte ich seinerzeit, wie erwähnt, auch mit meiner Frau. Ohne ihre grosszügige Einwilligung wäre mein Einsatz nicht möglich gewesen.

Bereits am darauffolgenden 11. Januar hatte ich mich im Hauptsitz einzufinden und musste den Vertrag für einen Einsatz in Ostpakistan, heute Bangladesch, unterschreiben. Ich wollte für diesen Dienst meine Freizeit «opfern» und den Einsatz ohne Bezahlung leisten. Mit meinem gutgemeinten Ansinnen brachte ich jedoch den Buchhalter in Schwierigkeiten, denn in seinem Budget war mein Lohn bereits eingeplant. «Versteh doch, ich darf dieses Geld nicht anderweitig verwenden», sagte er. Dann aber fand er doch noch eine Lösung. Er überwies das eingesparte Salär im Sinne einer Spende auf das Konto für die Anschaffung neuer technischer Geräte.

Ich war weder reisegewandt noch der englischen Sprache mächtig, doch die Mitarbeiter vom IKRK beruhigten mich: «Du brauchst keine Bedenken zu haben, es ist alles bestens organisiert. Du wirst über Bombay–New Delhi fliegen. In Bombay[14] musst du auf ein anderes Flugzeug wechseln. Flughafenangestellte hat es dort genug, welche dir helfen können. Und in New Delhi werden dich dann Angehörige vom IKRK abholen.» Alles ging so schnell, dass die Verantwortlichen vergassen, mir Name und Adresse oder zumindest eine Telefonnummer einer Ansprechperson in Delhi mitzugeben. Ganz so nebenbei erwähnten sie, dass acht Boxen mit technischem Material für die Delegierten in Delhi mit auf die Reise geschickt würden.

Ein paar Stunden später sass ich bereits in einer Caravelle, ein zur damaligen Zeit modernes Kurz- und Mittelstrecken-Verkehrsflugzeug. Doch kaum in Mumbai angekommen tauchte bereits das erste Problem auf. Ich wollte mich über den

---

14 Heute Mumbai

Weiterflug orientieren, als ich in der Abflughalle einen deutschen Geschäftsmann fluchen hörte, dass der Flug schon wieder annulliert sei und er umbuchen müsse. «Umbuchen, was bedeutet das?», fragte ich ihn. «Du musst eine andere Fluggesellschaft suchen, die nach Delhi fliegt, aber heute gibt es keinen Flug mehr», äusserte er sich mir gegenüber in ärgerlichem Ton. Ich erschrak, denn das betraf auch mich. Nun musste ich die Delegierten in Delhi über meine Verspätung informieren. Aber – oh Schreck! – ich hatte ja gar nichts ausser meinem Ticket von Mumbai nach Delhi im Sack.

Trotz des Menschengewühls um mich herum fühlte ich mich in der riesigen Abflughalle verloren und einsam wie noch nie. Ich überlegte, ob mir vielleicht jemand am Auskunftsschalter mit einer Telefonnummer weiterhelfen könnte. Aber wie denn? Ich konnte ja überhaupt keine Angaben machen, da ich weder einen Namen noch eine Adresse wusste. Dann nahm ich allen Mut zusammen und bat den freundlichen Inder hinter dem vergitterten Schalter um Hilfe. Er fand zwar keine offizielle Büronummer des IKRK, aber er leierte einige für mich fremdartig klingende Namen von Angestellten herunter. Als der Name «Mister Marti» fiel, horchte ich auf. «Können Sie mich mit diesem Herrn verbinden?» «Ja, ich versuche es, aber es ist schon Mitternacht»,

antwortete er freundlich. Als sich am anderen Ende ein Herr Marti meldete, war ich überglücklich. Weniger glücklich war dieser Herr Marti über die nächtliche Ruhestörung. Missmutig meinte er nur knapp: «Dann kommst du halt einen Tag später, das ist kein Problem.»

Kaum hatte ich im Warteraum wieder Platz genommen, ertönte eine unverständliche, sich überschlagende Stimme aus dem Lautsprecher. Ich dachte mir, da wird jemand gesucht. Ein junger Inder lief durch die Rei-

Herr Marti in New Delhi, den ich mitten in der Nacht anrief

hen und rief meinen Namen aus. Als ich mich zu erkennen gab, holte er mich ab und begleitete mich zum Zoll. Er war bei der Swissair angestellt, hiess Ranjit und sprach etwas Deutsch. Die acht Boxen, die ich zuvor noch nie gesehen hatte, lagerten in einem grossen vergitterten Raum und waren bereits geöffnet worden. Ich wurde gefragt, was ich mit all diesen Kopierern, Schreibmaschinen und Funkgeräten machen wolle. «Besitzen Sie denn eine Lizenz für die Funkgeräte?» Ich fühlte mich wie in einem Verhör. Die Fragen waren wohl berechtigt, aber ich konnte beim besten Willen keine Auskunft geben, ausser dass ich für das IKRK unterwegs sei. Ich blätterte nervös im Englisch-Wörterbuch, das auf meinen Knien lag und suchte nach passenden Fachwörtern. Die Beamten waren sehr freundlich und geduldig und servierten mir sogar einen würzigen Schwarztee. Schliesslich zeigten sie aber Erbarmen und versicherten mir, dass das Material auf alle Fälle weitertransportiert würde. Mir fiel ein schwerer Stein von meinem Herzen, da ich – wenn es noch grössere Probleme gegeben hätte – die Gründe für diese ganze Lieferung kaum richtig hätte erklären können. Ranjit, der mich mit seinem gebrochenen Deutsch bereits zum Zoll begleitete, wusste auch noch meine genaue Abflugzeit und führte mich am folgenden Tag zum richtigen Gate.

Auf dem Flug nach Delhi war mein Sitznachbar ein Flüchtling aus Bangladesch. Er schilderte mir unter Tränen, wie er den Krieg erlebt hatte, und erwähnte das Massaker, das die Pakistani in Bangladesch verübt hatten. «Als ich ausser Haus war, wurde meine ganze Familie umgebracht. Meine Frau, unsere drei Kinder und meine Eltern wurden aus Rache getötet, weil ich nicht anwesend war. Und als ich zurückkam, war das Haus auch abgebrannt.»

Der Unabhängigkeitskrieg 1971 mit Pakistan hat vielen Ärzten, Lehrern und Wissenschaftlern das Leben gekostet. Durch eine gezielte und hinterlistige Taktik der pakistanischen Armee wurde ein grosser Teil der gebildeten Oberschicht ausgerottet. Darunter leidet das Land heute noch, denn das ganze Bildungssystem ist immer noch im Aufbau begriffen und zum Teil noch mangelhaft.

In Delhi wurde ich von Kurt Tanner abgeholt und war froh, wieder Schweizerdeutsch zu hören. Er war erst vor ein paar Tagen aus Dhaka, der Hauptstadt von Bangladesch, zurückgekehrt. Ich erzählte ihm vom Zoll in Delhi und dass die Boxen erst später eintreffen würden. Es gelang ihm einige Tage später, das Material vom Zoll freizubekommen. Daraufhin erklärte er mir, dass mein Einsatzort geändert worden sei. Meinen Dienst hätte ich nicht in Dhaka zu tätigen, sondern bei den Delegierten in Kalkutta. Mein Flug dorthin sei übermorgen. Über Kalkutta selbst hatte ich bis zu diesem Zeitpunkt nur Schlechtes gehört. Diese Stadt galt als Armenhaus Indiens und war der Schrecken aller Entwicklungshelfer. Ein Einsatz dort wurde fast als Strafversetzung empfunden.

Der Hinflug fand in einer in die Jahre gekommenen Propellermaschine statt, einer DC-6 der Balair. In Kalkutta war das IKRK im riesigen Hotel Oberoi einquartiert. Dort erklärte mir der Einsatzleiter, dass ich, entgegen anderen Informationen, doch nach Bangladesch weiterreisen müsse, denn in Dhaka würde dringend ein Telegrafist benötigt. «Wir müssen dir aber zuerst ein Visum beschaffen», sagte er. Anschliessend musste ich ganze vier Tage auf die Einreisebewilligung warten.

Während dieser Zeit zeigten mir die Angestellten etwas von dieser Megastadt und einen Teil ihres Einsatzgebietes, ein riesiges Flüchtlingslager und ein Elendsviertel entlang des Hugli, einem Mündungsarm des Ganges. Ein gigantischer Flüchtlingsstrom wälzte sich während des Krieges aus Ostpakistan nach Bihar und West-Bengalen (heute: Bengalen) und brachte die Stadt Kalkutta an den Rand des Kollapses. Es herrschte Hungersnot. Ich habe selbst gesehen, wie verwahrloste Kinder mit Stöcken und blossen Händen auf riesigen Abfallhaufen wühlten und sich mit zu Skeletts abgemagerten Hunden um Essensreste stritten. Die riesigen Müllberge gaben immer noch etwas vom Wohlstand der Reichen her. In Kalkutta leben Hunderttausende der Ärmsten auf der Strasse. Sie wurden dort geboren und werden bis zu ihrem Tod nie ein Zuhause gesehen haben. Reihenweise hockten Männer und Frauen in zerlumpten Dhoti[15] oder Sari[16] inmitten von Lärm, Benzin und Dieselgestank auf den Mittelstreifen und bettelten um Almosen. Stets auf der Suche nach etwas Essbarem mussten sie ohne Hoffnung ihr Dasein fristen. Hin und wieder kommt ihnen ein in Zeitungen gehülltes Fladenbrot zugeflogen, so wie man dies einem räudigen Hund zuwirft, dem man nicht zu nahe kommen will. Denn da war ja auch noch die Angst, sich mit Lepra anzustecken.

---

15 Dhoti, traditionelles Beinkleid für Männer
16 Sari, ein nichtgenähter Wickelrock mit einseitigem Überwurf für Frauen

Warten in Kalkutta auf das Visum nach Bangladesch

Was ich bis jetzt von dieser riesigen Stadt gesehen hatte, war Armut und unend-
liches Leid, vor allem in den Slums[17]. So ist es nicht verwunderlich, dass ich einen
Kulturschock erlitten hatte, einen der besonderen Art. Es fiel mir nämlich wie
Schuppen von den Augen, dass nicht die Armen in ihrem grenzenlosen Elend –
weit weg von meinem Daheim – die Ausnahme sind. Nein! Wir, die wir in einem
gewissen Wohlstand leben dürfen und uns nicht um das tägliche Brot kümmern
müssen, sind die Ausnahme auf dieser Welt. Diese Erkenntnis ging mir durch den

---

17 Elendsviertel. In Indien kennt man auch den Ausdruck «Busti».

Januar 1972: Abflug in einer DC-6 vom Dum-Dum Airport in Kalkutta nach Dacca, Bangladesch

Kopf, als wir einige Tage später in einer weiten Schleife Kalkutta in Richtung Dhaka überflogen. Selbst aus grosser Höhe konnte ich kein Ende dieser riesigen Stadt entdecken. Fern am Horizont war durch einen Dunstschleier ein Gebiet mit Hochhäusern und Hotels auszumachen. Das war wohl das Viertel der Reichen. Der Rest war ein Meer von rostigen Blechdächern, fernab des Gesichtskreises der Begüterten und Vermögenden, die sich wohl auf diese Art von den neugierigen und bettelnden Blicken der Ärmsten zu schützen versuchten. Still und in Gedanken versunken nahm ich Abschied von dieser berüchtigten Stadt in der festen Überzeugung, wohl nie mehr hierher zu kommen.

Auf halbem Weg nach Dhaka, aber bereits in Bangladesch landete die Maschine auf einer Sandpiste, weitab jeglicher Behausung, um ein paar Güter auszuladen. Wenn in Kalkutta auch vieles nicht funktionierte, so musste ich feststellen, dass im neugegründeten Staat Bangladesch überhaupt nichts mehr funktionierte. Die Flugpiste der Hauptstadt Dhaka war aus taktischen Gründen von der indischen Flugwaffe bombardiert worden, damit die feindlichen Flugzeuge keine Landemöglichkeit mehr hatten. Behelfsmässig war sie aber bereits repariert, sodass die DC-6 landen konnte. Eisenbahnlinien und Hauptstrassen waren durch die pakistanische Armee zerstört und die Wasserwege durch havarierte oder versenkte Schiffe blockiert.

Die Flugpiste war bombardiert, Seewege zum Teil blockiert und Strassen unterbrochen.

Die Einreise war dann doch einfacher, als ich mir vorgestellt hatte. So kurz nach dem Krieg herrschten beim bengalischen Zoll chaotische Zustände. Es genügte, dass ich meinen Ausweis vom Roten Kreuz vorzeigte. Dann durfte ich gleich passieren. Im Durcheinander hatten die Beamten jedoch vergessen, meinen richtigen Schweizer Pass abzustempeln.

Im krassen Gegensatz zum Erlebnis im Taxi mit dem Leprakranken, wie einleitend beschrieben, stand nun die Einquartierung im auffallend elegant-modernen Hotel InterContinental, einem der höchsten Gebäude von Dhaka. Die Radiostation war in einem Zimmer direkt unter dem Dach installiert, damit die Antennenzuleitungen aus technischen Gründen möglichst kurzgehalten werden konnten. Die öffentliche Stromversorgung war ja äusserst unzuverlässig. Für die Radiostation betrieben wir daher ein separates Stromaggregat, welches ein junger Bengale die Dachleiter hinaufschleppte. Ich überreichte ihm für diesen Dienst drei Dollar Trinkgeld. «Ist dies so okay für dich?», fragte ich ihn. Doch er wackelte nur mit seinem Kopf, was ich weder als ein Ja noch als ein Nein deuten konnte. Somit gab ich ihm noch einen weiteren Dollar, aber er wackelte noch immer mit dem Kopf. Mein Begleiter fragte mich: «Wie viel hast du ihm gegeben?» Als ich ihm die Summe nannte, rief er aus: «Du bist ja völlig verrückt! Das ist für ihn ein halber Monatslohn.» Das eigenartig zustimmende Nicken, bei welchem der Hals eine Schlangenbewegung vollführt, ist für uns Europäer unbekannt und wird vielfach missverstanden.

Ich bekam ein eigenes Zimmer, obwohl ich dagegen protestierte und erklärte, dass ich meine Unterkunft mit einem Kollegen teilen wollte. Für beide wäre es interessanter, wenn wir unsere Erlebnisse austauschen könnten, und ausserdem würden dadurch zusätzliche Unkosten für das IKRK eingespart. Doch dem Antrag wurde nicht entsprochen, denn die Hotelleitung wollte möglichst eine Vollbesetzung der Zimmer haben. Diese waren gross, sauber und für meine Begriffe zu luxuriös. Erstaunt waren wir aber trotzdem, als wir vernahmen, dass ein Arzt aus England in seinem Schlafgemach von einer Ratte in den Zeh gebissen worden war.

Meine Aufgabe bestand nun darin, dass ich vormittags über Sprechfunk den Bedarf an Medikamenten und medizinischem Material von den im Lande verstreuten Ärzte-Equipen entgegennahm. Am Nachmittag hatte ich diese Bestellungen dann auf Kurzwelle in Morsetelegrafie nach Genf zu übermitteln. Damals war eine direkte Verbindung nach Genf nur über Kurzwellen möglich, denn es gab weder Satelliten, Internet noch iPhones. Wir arbeiteten sieben Tage die Woche. Freie Tage gab es keine. Hin und wieder wurde ich mit einem Helikopter in ein neues Projektgebiet geflogen, um dort eine Radiostation zu installieren. Das Ausmass der Kriegsschäden war bei solchen Flügen aus der Luft besonders gut zu beobachten. Ich sah Bombentrichter in zerstörten Strassen, so gross, dass darin ein Einfamilienhaus Platz gehabt hätte.

Die Funkstation installierten wir im obersten Stock, damit die Antennen mit möglichst kurzen Zuleitungen gespiesen werden konnten. Damals das höchste Gebäude in Dacca, das Hotel Intercontinental.

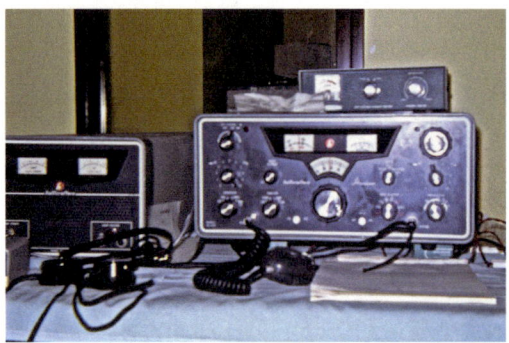

Der Sendeempfänger Hallikrafters 1 kW war damals schon mit Halbleitern bestückt.

Der schreibende Jakob Schaub mit Rufzeichen HB9AHY

Unsere Richtstrahlantenne mit fester Abstrahlrichtung nach Genf

Mus, ein Belgier, der beim IKRK angestellt und für diese Mission verantwortlich war

Edmund, der unsere Funksprüche mit der Schreibmaschine niederschrieb

Einmal bekam ich den Auftrag, in einem Spital eine Radiostation zu installieren und die Ärzte zu instruieren. Die Flugzeit dorthin betrug zwei Stunden. Während der Zeit, in der ich meine Arbeit erledigte, führten der Helikopterpilot zusammen mit dem Mechaniker Servicearbeiten durch. Als ich die Installation erledigt hatte, wollte ich die Antenne an das Funkgerät anpassen, aber es bewegte sich nichts. «Oh Gott, kein Strom!», entfuhr es mir. Zuhause war eine immer funktionierende Stromversorgung ganz selbstverständlich. Probleme wie

Weil die Strasse kaum befahrbar war, wurde ich mit einem Helikopter zu meinen Einsatzorten hingeflogen. Meist installierte ich bei einer solche Aktion für eine Ärzteequipe eine Sprechfunkstation.

diese war ich somit nicht gewohnt. Und nun drängte Werner, der Pilot, auch noch wegen dem Rückflug, da er sich nur bei Tageslicht orientieren könne. Als plötzlich eine herabhängende Glühbirne aufflackerte, war unter den Anwesenden eine enorme Erleichterung zu spüren. So schnell wie nur möglich stimmte ich die Antenne ab, testete das Funkgerät, indem ich mit Dhaka Kontakt aufnahm, und meldete, dass wir sofort abfliegen würden. Der Abflug verzögerte sich dann aber doch noch, weil sich Werner nur schweren Herzens von einer lieben Krankenschwester trennen konnte. Derweil setzte die Dämmerung bereits ein. Und dann war es auch schon Nacht. Wie er in der Dunkelheit zur Hauptstadt zurückfand, ist mir heute noch ein Rätsel. Rundum dunkle Nacht, keine beleuchteten Dörfer oder Strassenzüge waren auszumachen. Nichts ausser dem Sternenhimmel über uns war zu sehen. Der Pilot musste sich voll auf die Instrumente verlassen. Ich war besorgt und fragte ihn, wie er denn Dhaka finden könne, wenn dort auch wieder ein Stromausfall wäre. Seine Antwort war kurz: «Wollen wir doch hoffen, dass es dort Strom gibt.» Dass dieser Flug Risiken in sich geborgen hatte, erfuhr ich spätestens am nächsten Tag, als der IKRK-Missionsleiter, früher selbst ein Helikopterpilot, uns vorwurfsvoll mitteilte, sie hätten bereits eine Vermisstenmeldung durchgegeben.

Ein anderes Mal musste ich in Chittagong im Süden von Bangladesch eine Antenne reparieren. Dabei durfte ich in einer Militärmaschine aus Neuseeland mitfliegen. In diesem Flugzeug waren jedoch weder Sitze noch Sicherheitsgurte vorhanden. Es gab einzig seitlich eine lange Sitzbank und im Rücken ein Sicherheitsnetz, an welchem man sich bei Start und Landung oder bei Turbulenzen festhalten konnte. Alle elektrischen Kabel und Hydraulikleitungen waren offen verlegt und das Klicken der im Flugzeug in grosser Anzahl vorhandenen Ventile war deutlich zu hören.

Die Reparatur war diesmal schnell erledigt. Ich musste dennoch warten, bis die Fracht der Balair-Maschine ausgeladen war, mit der ich wieder zurückfliegen durfte. Somit wurde ich vorerst in einem noblen Hotel einquartiert. Am kommenden Morgen weckte mich das Radio auf dem Nachttisch mit einem Lied von Heintje, der in dieser Zeit sehr populär war. Aus dem Lautsprecher neben mir plärrte die mir bekannte Kinderstimme lautstark: «Oma so lieb, Oma so nett.» Ausgerechnet in Bangladesch wurde ich so geweckt. Verständlich, dass ich im ersten Augenblick gar nicht wusste, wo ich mich befand.

Wieder zurück in Dhaka wurde ich eines Nachts unsanft aus dem Bett geholt. Ein IKRK-Delegierter stand bleich in meinem Zimmer und rief vorwurfsvoll, ob ich denn die Schiesserei nicht höre. Tatsächlich, langanhaltendes Serienfeuer bellte aus verschiedenen Richtungen durch die Nacht. Niemand im Hotel wusste, was da wirklich los war. Der Delegierte erteilte mir den Befehl, sofort mit Genf Kontakt aufzunehmen. Doch eine Verbindung zum Hauptsitz war um diese Zeit aus physikalischen Gründen nicht möglich.

Anderntags stellte sich dann heraus, dass die Freiheitskämpfer ihre Waffen abgeben mussten, vorher aber noch wie wild in den Himmel ballerten. Diese Leute waren sehr stolz auf ihr neugegründetes Land und auf ihre wiedergewonnene Freiheit. Ein relativ kleines Land, flächenmässig gerade dreieinhalbmal so gross wie die Schweiz, war aber damals schon mit 67 Millionen Einwohnern stark überbevölkert.

Acht Wochen lang übte ich den Dienst als Funker aus, erfuhr nebenbei auch noch ein sehr gutes Morsetraining und konnte erst noch mein Hobby nutzbringend anwenden. Einige Freundschaften, die sich ergaben, bestehen bis heute. Aus beruflichen und familiären Gründen war ein späterer Einsatz jedoch nicht mehr möglich. Und in der heutigen Zeit braucht es keine Funker mehr, weil die Verbindungen über Satelliten oder über das Internet laufen. Ich war überzeugt, dass mein Aufenthalt in Bangladesch wohl einmalig war und dass ich kaum noch einmal nach Asien reisen würde. Deshalb plante ich meine Heimreise über Kathmandu, Nepal. Mein Funkerkollege reiste drei Tage vor mir ab, weil er mit Angstzuständen zu kämpfen hatte. Anderntags vernahm ich, dass er am Zoll die Nerven vollends verloren und getobt habe, als er seinen Pass zur genauen Kontrolle abgeben musste.

Auch ich bekam bei der Ausreise Probleme. In der Zwischenzeit funktionierte nämlich die Zollkontrolle wieder. Und nun fanden die Beamten in meinem Pass keinen Einreisestempel und wollten von mir wissen, ob ich «schwarz» eingereist sei. Ein anderer Hüter der öffentlichen Ordnung durchstöberte mein Handgepäck und entdeckte darin mein Schweizer Sackmesser. Oh Schreck, ich hatte vergessen, es im Koffer zu verstauen. Meinen Beteuerungen, dass dieses zu meinem Elektrikerhandwerkzeug gehöre, schenkte er vorerst keinen Glauben. Ich blieb ruhig und gab ihm die Telefonnummer des IKRK. «Fragen Sie bitte dort nach!» Nach langen Diskussionen und Rückfragen winkten die Beamten mich endlich durch.

Die Propellermaschine der Nepal Airlines war schon startklar. Beim Einsteigen überkam mich aber ein mulmiges Gefühl. Als ich in die Passagierkabine blickte, dachte ich mir: Hoffentlich bringt uns dieser Seelenverkäufer sicher nach Kathmandu. Der Unrat auf dem Boden, die losen Sitze mit den zerrissenen Überzügen und den abgenutzten Sicherheitsgurten erinnerten mich an einen Spielfilm über den Absturz einer Maschine, die wegen Vereisung in einen Gletscher gestürzt war. Als sich auf Reisehöhe – genau gleich wie im Film – auch noch Eiszapfen an den Lüftungsdüsen bildeten, bekam ich es mit der Angst zu tun. Der Pilot beruhigte uns jedoch und meinte, dass ein Problem mit der Klimaanlage aufgetreten sei und er deshalb die Flughöhe wechseln müsse. Schlussendlich legte er eine Bilderbuchlandung hin und meine Anspannung wich somit wieder.

Ein wenig ungewohnt war die Hauptstadt Kathmandu in Nepal ja schon. Sie war damals, im Jahre 1972, total autofrei. Ein Paradies für Hippies, die in Scharen dorthin pilgerten und sich mit Rauschgift und anderem kostengünstig eindeckten. Haschisch wurde frei auf der Strasse in grossen Klumpen angeboten. Die Umgebung mit den schneebedeckten Bergen liess in mir Erinnerungen an die Schweiz aufkommen und führte dazu, dass ich mich nach vier Tagen reisefertig für den Heimflug machte.

Der Propellerflieger schlingerte beim Start und statt abzuheben, kehrte er schliesslich wieder um. Das Bugrad war verklemmt. Wir Fahrgäste mussten wieder zurück ins Hotel. Von dort aus schickte ich ein Telegramm über meine Verspätung an das IKRK-Büro, denn meine Frau wollte mich in Genf abholen.

Anderntags startete die Maschine erneut und landete sicher in Mumbai, wo ich auch gleich einen Anschluss nach Genf hatte. Aber statt in Genf zu landen, flogen wir weiter nach London. Der Seitenwind war so stark, dass der Pilot nach dem dritten Landeversuch durchstarten musste und weiter in Richtung London steuerte. Dieses ständige Hin und Her und Auf und Ab zerrte langsam aber sicher an meinen Nerven. Und meine Frau, die ich schon in Genf wusste, konnte ich auch nicht erreichen. Wie gerne wäre ich jetzt wieder daheim bei meiner Familie gewesen!

Doch dann – endlich! – konnte ich nach drei weiteren Tagen langen Wartens meine Frau in die Arme schliessen. Für sie waren diese letzten Tage sehr, sehr schlimm gewesen. Niemand hatte gewusst, wo genau ich war, auch die IKRK-Leute nicht, denn das Telegramm, das ich im Hotel Shanker in Kathmandu aufgab, war nie angekommen.

Jetzt wo ich glücklich wieder zu Hause bei meiner Familie war, liessen mich die Eindrücke vom Leben der Armen in den Elendsvierteln von Kalkutta trotzdem nicht so schnell los. Ich war überzeugt, dass wir den in grenzenloser Armut lebenden Mitmenschen etwas schuldig waren. In mir wuchs immer mehr der Wunsch, mich für die Armen nach meiner Pensionierung auf irgendeine Art und Weise einzusetzen.

Als Tourist in Indien

Im Jahre 1992 wurde in unserem Dorf eine Indienreise ausgeschrieben. Meine Frau war noch nie in Indien gewesen und kannte vieles nur vom Hörensagen. Wir nahmen am Informationsabend teil und meldeten uns an. Reiseleiter war ein Inder, der mit einer Schweizerin verheiratet war und in Zürich lebte.

Die Reiseroute entsprach einer klassischen Rundreise mit Anflug auf New Delhi, danach mit dem Bus weiter nach Agra und Jaipur, dann in den Süden nach Madurai und zu guter Letzt zu den Kerala Backwaters, dem weitverzweigten Wasserstrassennetz im Hinterland der Malabarküste. Und anschliessend sollte dann der Rückflug nach Mumbai[18] folgen. Wir genossen eine unvergessliche, gut organisierte und auf Sicherheit bedachte Reise. Als geschlossene Gesellschaft wurden wir zu den weltberühmten Bauwerken kutschiert, durften in den besten Hotels absteigen und wurden kulinarisch im Rahmen der ausgezeichneten indischen Küche verwöhnt.

Einen direkten Kontakt mit dem wirklichen Alltag der einheimischen Bevölkerung gab es auf dieser Reise aber nur ein einziges Mal. Dieses Ereignis fand statt, als wir mitten in Jaipur aus-

Ein Diamantenschleifer, Antrieb von Hand

18 Mumbai hiess früher Bombay. In den sechziger Jahren des letzten Jahrhunderts wurden viele Städte in Indien umbenannt.

Gruppenfoto vor dem imposanten Taj Mahal am Stadtrand von Agra

stiegen und dort den quirligen Verkehr bewunderten: Kühe, Elefanten, Ziegen und allerhand Kleinvieh, alles war auf der Strasse. Inmitten dieses wilden Durcheinanders, dem Gestank der ungefilterten Abgase und dem wilden Gehupe hatten einige Reiseteilnehmer aber schnell die Nase voll und stiegen lieber wieder in den klimatisierten Bus ein. Bei mir jedoch tauchten vor dem geistigen Auge wieder diese schrecklichen Bilder aus Kalkutta auf. Ich ,sah' vor mir erneut die dortigen zerlumpten Strassenbewohner und fragte mich einmal mehr, mit welchem Recht wir hier auf dieser Reise mit jeglichem Komfort und bestem Essen verwöhnt wurden?! Nur mit Mühe konnte ich die hochkommenden Gefühle eines schlechten Gewissens unterdrücken und versuchte, das feine Essen trotzdem zu geniessen. Eine eigenartige Sehnsucht stieg in mir hoch, dieses Land einmal alleine als Besucher oder Globetrotter und nicht als Tourist bereisen zu dürfen. In einem Reiseführer war zu lesen, dass es zweierlei Kategorien von Indienreisenden gäbe: solche, die nach dem ersten Besuch schockiert nie mehr hinfahren, und solche, die das Land immer wieder besuchen. Ich gehörte schon bald zur zweiten Kategorie.

Reise zu den Adivasi

Der Wunsch, unabhängig und selbstständig Indien zu bereisen, erfüllte sich schneller als gedacht. In unserer Lokalzeitung erschien 1994 ein Artikel über die *Indienhilfe* von Gritli Schmied. Zu meinem Erstaunen wohnte Gritli ganz in der Nähe meines Arbeitsplatzes. Als ich sie anrief, lud sie mich zu einer Tasse Tee in ihre Wohnung ein. Dort erzählte sie mir dann ausführlich von ihrem Hilfswerk, das sie in Jobat vor ein paar Jahren gegründet hatte. Jobat ist ein kleines Dorf im Bundesstaat Mahdya Pradesh, Zentralindien. Ich war sehr beeindruckt von ihrer dortigen Leistung und von ihrem Mut, im Alter von 75 Jahren, zudem meistens ganz allein, noch so grosse Reisen zu unternehmen. «Wenn du willst, so kannst du mich im nächsten Frühjahr dorthin begleiten.» Und ob ich wollte!

Meine Frau Marty und ich traten sofort ihrem Verein *Indienhilfe*[19] bei. Marty fertigte wunderschöne Stricksachen an, die sich bei uns am Buchserfest sehr gut verkaufen liessen, und überwies den Erlös dem Verein. Was nun aber die Reise nach Jobat betraf, so meinte meine Frau: «Geh du zuerst einmal. Wenn es dir gefällt, so komme ich das nächste Mal auch mit.» Ich traf bald meine Reisevorbereitungen.

Der Flug Zürich–Mumbai war alles andere als ruhig. Über der Türkei gerieten wir in Turbulenzen und unsere Jumbo-Maschine wurde mächtig durchgeschüttelt. Als wir dann mehrere Stunden später endlich in Mumbai aus dem Flieger aussteigen konnten, schlug uns die flimmernde, nach Kerosin riechende Luft wie eine Wand entgegen. Im Lärm der heulenden und auslaufenden Triebwerke konnten wir uns kaum verständigen.

Der nächste Flug war dann mit einer kleineren Maschine bis nach Vadodara[20], einem kleineren Flughafen. Damals wurde dort noch alles von Hand abgefertigt und unser Gepäck wurde auf einem Handwagen herangekarrt. Wir konnten daraufhin unsere Koffer und Reisetaschen selbst aussuchen. Danach ging es mit einem Taxi

---

19 Heute eine Stiftung mit Sitz in Sion im Wallis: https://stiftung-indienhilfe.ch/de/
20 Vadodara hiess früher Baroda.

weiter, eine zwölfstündige Fahrt lang. Landschaften wechselten ab vom intensiven Grün der Reisfelder hin zu leuchtend gelben Kornfeldern. Doch je länger die Fahrt andauerte, desto mehr waren links und rechts kargere Flächen zu sehen. In der Ferne tauchte dann plötzlich eine hügelige und wüstenähnliche Landschaft auf. «Dahinter liegt Jobat», klärte mich Gritli auf, «und wie du siehst, ist es jetzt sehr, sehr trocken. Und wenn nicht bald die Regenzeit einsetzt, dann droht eine grosse Hungersnot, von der besonders die Adivasi[21] betroffen sind.»

Bei unserer Ankunft wurden wir, ganz den Bräuchen entsprechend, mit Blumenkränzen empfangen und herzlich willkommen geheissen. Eine seit 1922 sesshafte katholische kanadische Missionsgesellschaft führt hier ein Krankenhaus mit einheimischem Arzt- und Krankenhauspersonal. Gritli Schmied unterstützte jahrelang dieses Krankenhaus. Dafür durfte sie während ihrer Aufenthalte jeweils im geräumigen Missionarshaus wohnen.

Ich wurde im Anschluss an die überschwängliche Begrüssung in einem freien Krankenzimmer einquartiert. Verständlich, dass ich es kaum erwarten konnte, meiner Frau die glückliche Ankunft mitzuteilen, und fragte Gritli, wo eine Telefonkabine zu finden sei. «Öffentliche Telefone gibt es hier keine», erklärte sie mir. «Aber seit zwei Jahren hat der Apotheker einen Telefonapparat. Du kannst dich dort anmelden und wenn du Glück hast, wirst du von einer Telefonzentrale zurückgerufen. Die veraltete Technik erlaubt noch keine Direktwahl.» Ich hatte Glück! Bereits nach zehn Minuten meldete sich meine Frau am anderen Ende der Leitung.

Dass ich in diesem Zimmer nicht alleine war, merkte ich bald, als ich von Mäusen angenagte Socken in meinem Koffer entdeckte. Von da an schloss ich ihn ab, damit diese Nager keinen Schaden mehr anrichten konnten. Doch damit nicht genug, auch die Kakerlaken taten sich genüsslich an meinen Notizen auf dem Tisch. So ganz zur Ruhe kam ich aber selbst in den nächtlichen Stunden nicht. In einem Nebenzimmer fiel einem lungenkranken Patienten das Atmen schwer und in einer anderen Ecke stöhnte ein frisch Operierter vor Schmerz, dem ein Bein wegen Diabetes amputiert werden musste.

Einmal wachte ich mitten in der Nacht auf und fühlte mich auf seltsame Weise beobachtet. Es war keine Täuschung, denn ich sah geradewegs in ein Mäusegesicht.

---

21 Adivasi: ein Sanskritwort und bedeutet die Ersten, erste Siedler oder ursprüngliche Einwohner.

Wer von uns beiden mehr erschrak, kann ich nicht sagen, aber als ich mich ruck-artig aufrichtete, stob eine ausgewachsene Maus wie von der Tarantel gestochen davon. Durch ihren hingelegten Spurt spürte ich ihre feinen Krallen noch lange auf meiner Brust.

In den Abendstunden wusste Gritli viel Spannendes zu erzählen. Weil sie die Sprache der Adivasi verstand, hatte sie sich einen grossen Wissensschatz über deren Kultur und Lebensweise angeeignet. «Die Adivasi sind die Ureinwohner von Indien, Pakistan und Bangladesch und sind in Stämmen organisiert. Hier in Jobat nennen sie sich *Bhil-Adivasi*», klärte Gritli mich auf. «Sie besitzen keine Schrift, haben dennoch eine eigene Sprache und kleiden sich entsprechend dem Stamm, dem sie angehören. Zum Beispiel gibt es bei ihnen kein Wort für ‚danke‘. Für uns, die wir bei jeder Gelegenheit danke sagen und allenfalls auch ein ‚Dankeschön‘ vom Gegenüber erwarten, ist das sehr ungewohnt. Bei diesem Volksstamm sind die Frauen absolut gleichberechtigt und erhalten zur Hochzeit einen massiven Silberring, der um eine Fessel gelegt wird – als eiserne Reserve für schlechte Zeiten. Früher, da frönten die Adivasi der Naturreligion. Bäume und Pflanzen waren ihnen heilig. Und sie kannten auch kein Geld. Dieses Zahlungsmittel lernten sie erst kennen, als sie sich von christlichen Missionaren mehr oder weniger freiwillig bekehren liessen.» Soweit Gritli Schmied.

Die Missionare haben sicher viel Gutes bewirkt, das ist keine Frage. Zur Bekehrung haben sie aber leider da und dort auch seltsame und durchaus unchristliche Metho-den angewandt. So machten bunte Glasperlen und Christuskreuze als Geschenke die Arbeit der Missionare zwar leichter, aber damit konnten die Adivasi nichts anfangen. Zur erfolgreichen Bekehrung war auch Alkohol mit im Spiel, mit verheerenden Fol-gen. Die Trunksucht nahm zu, als ihnen sogar gezeigt wurde, wie sie den Alkohol selbst herstellen konnten. Dadurch wurden viele Familien und ihre Kultur zerstört. In ihrem Herzen blieben sie aber trotz der Bekehrung zum christlichen Glauben ihrer Naturreligion treu.

Bei den Adivasi

Gritli berichtete weiter: «Durch das Abholzen der Wälder und das Aufstauen der Flüsse für Kraftwerke verloren viele Adivasi ihre Lebensgrundlage und wurden in andere Gegenden vertrieben. Ihre bisherige Kultur, ihre Lebensweise und ihre Religion blieben auf der Strecke. Total entwurzelt finden sie sich heute im modernen Leben kaum zurecht. Trost suchen die Männer im Alkohol. Es wird Generationen dauern, bis sie sich unserem Lebensstil angepasst haben.

Wälder wurden abgeholzt – die Lebensgrundlage der Adivasi

Und nun wurde der Gesichtsausdruck von Gritli plötzlich ziemlich traurig, als sie sagte: «Fast jeden Tag werden Adivasi in Handschellen und barfuss an uns vorbei ins Gefängnis abgeführt. Dabei rufen die Polizisten lautstark eine Nummer aus. Und für jedes Delikt wird wiederum eine andere Nummer benutzt.»

Eines Tages besuchte ich mit Gritli zusammen das Gefängnis und wir brachten den dort inhaftierten Adivasi T-Shirts und Biskuits mit. Gleich nebenan befand sich das staatliche Spital, wo wir anschliessend einen Rundgang machen durften. Was ich dort zu sehen bekam, prägte sich einmal mehr tief bei mir ein. Einige Tuberkulosekranke lagen eng nebeneinander, so dass man nur ganz knapp zwischen den einzelnen Betten durchgehen konnte. Die Jüngste, ein neunjähriges schmales Mädchen, lächelte mich an. Und dies inmitten dieses Elends! Ein wenig später fiel mir im Operationssaal auf, in welchen man uns führte, dass dort weder ein Waschbecken noch ein Wasserhahn vorhanden waren. Diese Armut berührte mein Herz zutiefst. Und so sagte ich im Anschluss an die Besichtigung dem Verwalter: «Ich will die Heilungskosten für dieses kleine Mädchen, aber auch die Kosten für die Installation eines Wasseranschlusses im Operationssaal übernehmen.» Weder im Missionsspital noch in diesem staatlichen möchte ich unter diesen schlechten Bedingungen behandelt werden, dachte ich mir im Stillen. Später sollte ich selbst als Patient in einem solchen Spital liegen, allerdings in Bangladesch, aber unter genau gleich schlechten Bedingungen.

Nach Jobat reiste ich ja nicht deshalb, um dort Ferien zu verbringen. Nein, ich wollte auch praktische Arbeiten leisten. Und so gab Gritli mir den Auftrag, eine Strasse auszubessern. Am ersten Tag kamen fünf Adivasi, um mitzuhelfen. Am zweiten Tag waren es bereits deren zwölf, darunter vier Frauen. Und am dritten Tag hatte ich zu wenige Hacken, sodass ich wieder einige zurückschicken musste.

Taglohnarbeit, am Abend erhielten alle ihren Lohn bar auf die Hand

Bald hatte es sich im Dorf herumgesprochen, dass zusammen mit Gritli ein Elektriker angereist sei. Die Ärztin vom Missionsspital bat mich, ihren defekten Röntgenapparat zu reparieren. «Es ist ein relativ neues Gerät», meinte sie. Doch ich sah schnell, dass dieses «neue Gerät» eher meinem Jahrgang entsprach. Eine spätere Anfrage bei der Firma Siemens bestätigte dies. Ich konnte das Gerät reparieren und fragte den dortigen Pfleger, wie man einen Test machen könnte. Er meinte grinsend: «Kein Problem!» Und ehe ich mich versah, stand er bereits hinter dem Schirm und drückte den Auslöser. Mir fiel beinahe das Herz in die Hose. «Das ist sehr gefährlich!», rief ich ihm zu. Doch ihn kümmerte dies nicht. Voller Freude machte er noch ein Bild von seiner Hand. Ab diesem Tag war ich in Jobat bekannt als «der Mann, der den Röntgenapparat repariert hat.»

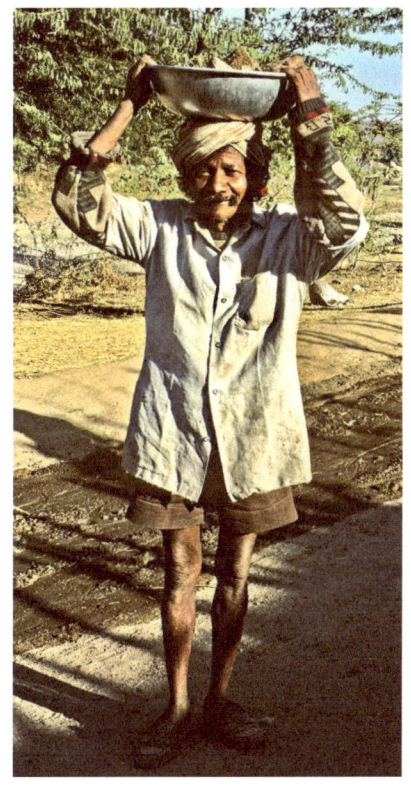

Eine Frohnatur, dieser Bhil-Adivasi

Ein andermal brachte mir die leitende Missionarin ein uraltes Radiogerät zur Reparatur, welches noch mit Röhren, oder wie man auch sagte, mit Lampen bestückt war. Es sei vom Missionsspital. Auf meine Frage, wozu man dort überhaupt so ein Gerät benötigen würde, meinte sie: «Wenn wir zu wenig Schmerzmittel haben, lenken wir die Patienten mit lauter Musik ab.» Diese Antwort stimmte mich einmal mehr sehr nachdenklich.

Ich versuchte, diesen alten Kasten zu reparieren, sah aber bald, dass ich dazu noch einige Ersatzteile brauchte. So fuhr ich denn am folgenden Tag nach Ahmedabad, der fünftgrössten Stadt Indiens, und suchte dort ein Radiogeschäft auf. Schliesslich trat ich in einen entsprechend Laden ein. Doch eine derartige Menge an Transformatoren, Radiobestandteilen, Fernsehröhren, Lautsprechern und vielem mehr, alles verstreut auf etlichen Tischen inmitten von Technikern, die Reparaturen ausführten, habe ich vorher und nachher nie mehr gesehen. Als ich dem dort Bedienenden die

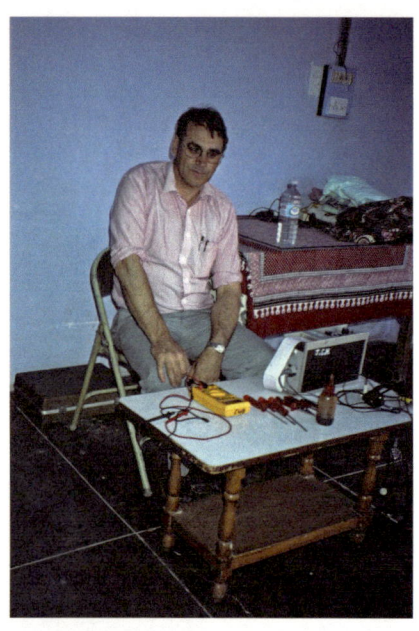

Reparatur diverser Geräte

defekten Teile zeigte, ihm dabei auch noch deren Funktion erklären wollte, reagierte dieser fast beleidigt und rief aus: «Ich bin Ingenieur!» Und flugs brachte er mir den gewünschten Transformator, die richtige Radioröhre und den entsprechenden Lautsprecher. Ich konnte nur staunen und überreichte ihm ein anständiges Trinkgeld.

Die Freude war gross, als wieder Musik im Spital ertönte. Als ich das Radio installierte, sah ich mich im Patientenraum um. Auf beiden Seiten reihte sich Bett an Bett, im besten Fall noch durch einen Vorhang getrennt. Die Verhältnisse waren nicht besser als im früher besuchten staatlichen Spital. An die Patienten wurden keine Medikamente ausgegeben. Sie erhielten das Rezept und mit diesem mussten die Angehörigen Tabletten und Medizin selber in einer Apotheke holen und dort direkt bezahlen. Die Pflege der Kranken war ebenfalls ihre Aufgabe. Wenn sie weit weg wohnten, verblieben sie Tag und Nacht dort und schliefen im Freien. In diesem Spital, wie in vielen anderen auch, gab es auch keine Küche. Mit anderen Worten: Die Patienten erhielten auch kein Essen. Die Mahlzeiten mussten ebenfalls von Freunden und Bekannten organisiert und zubereitet werden. Als Kochstellen dienten im Freien jeweils ein paar im Kreis angeordnete Steine. Auf diesen sogenannten Dreistein-Öfen wurde für die Patienten gekocht – mit trockenem Kuhdung und Plastikabfällen. Nun wurde mir auch klar, warum abends rund um das Spital kleine Feuerchen aufflackerten und warum schwerer, beissender Rauch sich über die Umgebung legte.

Eines Abends erwähnte Gritli, dass ihr Sohn Gabriel unterwegs sei und am morgigen Tag zu uns stossen würde. Er sei sehr sozial eingestellt und hätte im Umgang mit den Armen grosse Erfahrungen vorzuweisen. Ich freute mich darauf, ihn kennenzulernen. Und wirklich, wir verstanden uns auf Anhieb. Er hatte in mir einen besonders aufmerksamen Zuhörer, als er von seinem Einsatz bei Mutter Teresa erzählte. Als gelernter Maurer half er in Kalkutta beim Aufbau des langgestreckten Gebäudes für die Leprakranken mit. Mein Wunsch war es ohnehin, Mutter Teresa einmal zu besuchen.

Deshalb bat ich ihn um ihre Adresse. Er bemerkte zwar, dass die Chance, sie zu treffen, gering sei, denn sie sei krank und halte sich meistens im Vatikan in Rom auf.

Was nun die Adivasi betrifft, um die es ja in diesem Kapitel geht, habe ich noch eine spezielle Geschichte zu erzählen. Dieser Stamm bestellt seine Felder jeweils mit Wasserbüffeln. Die einzelnen Adivasi führen gegen Lohnarbeit auch Transporte aus. Mit dem Geld, welches ich von Freunden mit auf den Weg bekommen hatte, wollte ich einer Adivasi-Familie ein entsprechendes Ochsengespann schenken. Gritli war einverstanden und teilte meine Absicht einem zuverlässigen Adivasi aus dem Nach-

bardorf mit. Gabriel kannte sich in Jobat aus und zeigte mir die entsprechende Werkstatt, wo Ochsenkarren in Handarbeit hergestellt wurden. Wir gaben eine Bestellung auf und erhielten die Zusage, dass er morgen fertig sei. In freudiger Erwartung begaben wir uns zum vereinbarten Termin dorthin. Enttäuscht mussten wir jedoch feststellen, dass nichts passiert war. Als sich auch nach weiteren drei Tagen nichts bewegte, hockte ich mich vor der Werkstatt im Freien auf einen Stuhl mit der Bemerkung: «Ich warte.» Daraufhin setzte plötzlich ein emsiges Treiben ein. Und rund fünf Stunden später war der Ochsenkarren fertiggestellt. Ich wusste nicht, dass «morgen» einfach Zukunft bedeutet. Einige Tage später durfte der Adivasi dann die beiden Ochsen auf dem Wochenmarkt selber auswählen. Stolz spannte er das Paar vor den Ochsenkarren und kehrte mit diesem in sein Dorf zurück.

Der fertig Ochsenkarren

Als Dank für den Ochsen wurde ich mit Trommeln empfangen und musste das Riesending selbst ausprobieren.

In Jobat herrscht sehr viel Sonnen-
schein. Zu Hause baute ich einen Solarkocher und wollte ihn beim nächsten Mal zum Testen mitnehmen. Als
ich ihn Gritli vorführte, sagte sie in
bestimmendem Ton: Sonnenenergie
kommt bei mir nicht in Frage. Damit
war mein Vorhaben beerdigt. Sie be-
fürchtete, dass dann die Zigeunerkin-
der ihr gesammeltes Holz nicht mehr
verkaufen könnten.

Für die nächsten Reisen konnte ich
meine Frau Marty dazu überreden mit-
zukommen. In Jobat sprach sich bald
herum, dass eine gelernte Samariterlehrerin eingetroffen sei. Bald standen
die Leute vor der Türe Schlange – mit
kleineren und grösseren Problemen.
Viele waren allein schon dafür dank-
bar, wenn Marty ihnen gegenüber Erbarmen zeigte und auf kaum sichtbare Blessuren
ein kleines Pflaster klebte.

Der Verein *Indienhilfe* wurde schliesslich zu einer Stiftung umstrukturiert und so war
diese Reise nach Jobat auch meine letzte.

Alleine auf Reisen in Indien

Froh schlägt das Herz im Reisekittel,
vorausgesetzt man hat die Mittel.
(Wilhelm Busch)

Wenn ich schon in Indien war, wollte ich die Gelegenheit benutzen, dieses riesige Land besser kennenzulernen. So lag es auf der Hand, dass ich nach meinen Einsätzen in Jobat jeweils ganz alleine Hilfsorganisationen und Plätze aufsuchte, wohin sich Touristen kaum verirrten. Indien, einem Kontinent gleich, dazu geschichtsträchtig wie kaum ein zweites Land, hat touristisch sehr viel zu bieten. Ich begegnete auf den Hauptreiserouten jeweils Rucksacktouristen, die mehr als ein Jahr lang unterwegs waren und immer noch nicht alles gesehen hatten.

Wer Indien bereisen will, kauft am besten einen passablen Indien-Reiseführer. Oder man holt sich rechtzeitig, so wie man es heute ja tut, die entsprechenden Informationen per Internet. Zu meiner Zeit gab es das noch nicht und ich befolgte deshalb die guten Ratschläge aus einem Indien-Handbuch. Und trotzdem bin ich einige Male ins Fettnäpfchen getreten. Oder ich wurde übers Ohr gehauen.

Indien ist stolz auf sein weitverzweigtes Eisenbahnnetz. Dies mit Recht, denn mit der Bahn erreicht man sicher und komfortabel praktisch jeden Ort im Land. Die Züge sind dauernd ausgebucht. Die Beamten hinter den dunklen, vergitterten Billett-schaltern finden für westliche Touristen meist immer noch einen Platz – selbstverständlich gegen ein gutes Trinkgeld. Als so ein Beamter mir eines Tages sagte, es sei kein Platz mehr vorhanden, spielte ich ganz nebenbei mit einem Geldschein, so wie ich es als Tipp gelesen hatte. Ich war sehr darüber erstaunt, dass er meinen ‹Bestechungsversuch› nicht beachtete und dann doch noch einen Platz fand. Froh darüber, das Billett in den Händen zu halten, stieg ich ins Abteil.

Die Inder sind neugierig auf Ausländer und so war ich schon bald mit meinem Sitznachbarn in ein angeregtes Gespräch vertieft. Er hatte dasselbe Reiseziel wie ich und unsere Tickets sahen beide genau gleich aus. Es gab nur einen kleinen Unterschied. Ich hatte den doppelten Preis bezahlt! Nun dämmerte es mir. Deswegen also hatte der Beamte nichts von meinem zusätzlichen Geldschein wissen wollen. Mein Gesprächspartner lachte nur: «So ist das halt in Indien.» Der Beamte hinter dem Schalter, ein wohl mit allen Wassern gewaschenes Schlitzohr, hatte mich auch angeschwindelt, als er sagte, dass unser Zug bereits völlig ausgebucht sei, denn unser Abteil war halb leer. Ich war also doppelt hereingefallen. Künftig bat ich jeweils Einheimische, mir das Billett zu kaufen, und gab ihnen gerne dafür ein passendes Trinkgeld.

Die berühmten, unverwüstlichen Ambassadors

Bei längeren Bahnfahrten werden abends die Betten hergerichtet, darüber hinaus aber auch Essen serviert. Diese Mahlzeiten im Zug schmecken in der Regel sehr gut. Für uns Westler sind sie aber oft zu scharf und bringen den Bauch in Aufruhr. So hat mich die Erfahrung gelehrt, im jeweiligen Zug zuerst eine westliche Toilette auszukundschaften, bevor ich es mir auf meinem Sitz gemütlich machte. Die asiatischen Klos sind nämlich diejenigen, bei denen das ‹Geschäft› jeweils in der Hocke getätigt werden muss.

Zu den einzelnen Hotels hin habe ich meistens ein Taxi genommen und wie gewohnt das Gepäck im Kofferraum verstaut. In Kalkutta ist mir passiert, dass ein Taxifahrer – mit oder ohne Absicht – mit meinem Rucksack davonbrausen wollte. Nur durch mein Schreien und Gestikulieren wurden die Fussgänger darauf aufmerksam und er hielt endlich an. Seither platziere ich mein Gepäck immer neben mir auf dem Hintersitz.

Geld wechseln in einer Bank ist ein Erlebnis für sich. Im oberen Stock werden jeweils Pass und Personalien kontrolliert. Nachdem man den zu wechselnden Betrag in der Fremdwährung einbezahlt hat, erhält man eine Quittung und einen Coin, eine Art Münze mit einem Loch der Mitte. Damit kann man sich im unteren Stock am Schalter anstellen. Aber ich sah dort keine Warteschlange. Vielmehr sassen alle Leute auf den Seitenbänken. Vor dem Schalter wiederum waren Schuhe und Sandalen schön hintereinander in einer Schlangenlinie aufgereiht. Als der Beamte plötzlich geräuschvoll den Schalter öffnete, erhoben sich alle wie auf Kommando und über dreissig Personen schlüpften gleichzeitig in ihre Schuhe. Ich hatte es versäumt, meine Schuhe in der Kolonne zu platzieren, und war deshalb der Letzte, der an die Reihe kam.

Bei einer Tempelbesichtigung muss man ebenfalls die Schuhe ausziehen. Als ich einst einen solchen besichtigen wollte, lagen vor dem Eingang schön aufgereiht einige Paare Schlüpferschuhe. Ich dachte, dass diese zum Umziehen seien, und fischte mir aufgrund meiner grossen Füsse das grösste Paar heraus. Mehr schlecht als recht watschelte ich mit den für mich immer noch viel zu kleinen Schlüpfern durch den langen Korridor und merkte bald, dass mich ein anderer Tempelbesucher erstaunt und schief anschaute. Erst jetzt sah ich, dass alle barfuss oder in Socken unterwegs waren und ich wohl seine Schuhe ‹geklaut› hatte.

Kalkutta liegt am Ganges ...

... oder eben auch nicht. Als unser Schweizer Sänger, Schauspieler und Entertainer Vico Torriani Anfang der vergangenen Sechzigerjahre uns singend beizubringen versuchte, dass Kalkutta am Ganges liege, da irrte er sich respektive sein Texter Hans Bradtke. Tatsache ist, dass diese Stadt am Hugli liegt, einem Nebenarm des Ganges. Der Hugli hat sich bereits rund 300 Kilometer vor Kalkutta vom Ganges abgelöst. Dieser Mündungsarm fliesst mitten durch die Stadt und teilt diese in zwei verschiedene Bezirke, die durch eine der meistbefahrenen Brücken der Welt, der Howrah-Bridge, verbunden sind. Kalkutta wird seit jeher als die kulturelle Stadt Indiens bezeichnet und war von 1773 bis 1911 die Hauptstadt Britisch-Indiens. Als New Delhi ihr den Rang als Hauptstadt ablief, setzte ihr wirtschaftlicher Niedergang ein. Durch die Masseneinwanderung besitzloser Flüchtlinge verarmte die Stadt und bescherte ihr den Ruf, das Armenhaus Indiens zu sein. Durch das Wirken von Mutter Teresa erlangte Kalkutta jedoch erneut wieder Bekanntheit. Dennoch wurde diese Stadt mehrmals mit negativen Worten als sterbende Stadt beschrieben. So hatte Mahatma Gandhi sie als «Pestbeule Indiens» bezeichnet, während der deutsche intellektuelle Schriftsteller Günter Grass Kalkutta als «einen Haufen Scheisse, wie Gott ihn fallen liess» beschrieb. Und er ergänzte: «Wie es wimmelt, stinkt, lebt und immer mehr wird.» Als ich im Jahre 1972 in Kalkutta – nach Tagen des Wartens auf mein Visum – endlich in Bangladesch einreisen durfte, war ich mir sicher, dass ich den Boden dieser Stadt nie mehr betreten würde. Doch es kam anders. Rund ein Vierteljahrhundert später wagte ich mich wieder in diesen Albtraum von einer Stadt. Ich hatte mir in den Kopf gesetzt, dass ich Mutter Teresa persönlich treffen wollte.

Die Howra-Bridge

71

Erstaunt stellte ich knapp ein Vierteljahrhundert später fest, dass sich in Kalkutta vieles zum Positiven verändert hatte. Obwohl diese Stadt als Reiseziel auch heute noch selten auf den Hochglanzprospekten der Reisebüros zu finden ist, begegnete ich vielen Touristen. Diese sind jedoch meistens nur auf der Durchreise. Der Flughafen «Dum-Dum-Airport» von Kalkutta gilt als Drehscheibe für den Flugverkehr und die meisten Reisenden sind somit unterwegs zu einer anderen Destination.

Im Januar 2001 begegnete ich in einem «Guesthouse» an der Sudder-Street einem jungen Engländer. Er war kreidebleich und der Schrecken stand ihm noch ins Gesicht geschrieben. Ich fragte ihn: «Was ist denn los mit dir? Du wirkst ja völlig verstört!» Stockend erzählte er mir: «Ich war in Gujarat, wo ein schweres Erdbeben stattgefunden hat.» «Davon habe ich noch gar nichts gehört.» «Und noch immer unter Schock stehend, erzählte er mir mit zittriger Stimme: «Ich habe dieses nur mit viel Glück überlebt, weil ich beim ersten Grollen ins Freie rannte.» Mein Hotel wurde anschliessend bei den Nachbeben völlig zerstört. Wie man im Internet nachlesen konnte, kamen bei diesem Beben über 20'000 Menschen ums Leben, 166'836 wurden verletzt, ungefähr 339'000 Gebäude zerstört und weitere 783'000 beschädigt. Fast 1.8 Millionen Menschen wurden obdachlos. Dies alles bei einer Bebenstärke von 9 bis 10 auf der Richterskala! Zu genau der Stunde, als sich dieses schreckliche Erdbeben ereignete, sass ich im Flugzeug nach Kalkutta.

In all den Jahren, in denen ich später in Bangladesch tätig war, bin ich in der Regel auf dem Landweg über Kalkutta heimgereist und habe dort jeweils einen Stopp eingelegt. Mit einem Bus dauert die Fahrt von Dhaka nach Kalkutta ja nur etwa 15 Stunden. Ich konnte jedoch nie genau feststellen, wo nun wirklich die Stadt begann. Ehemalige Agglomerationen hatte sich dieser riesige Moloch einverleibt, so dass wir während der letzten zwei Stunden unserer Fahrt bereits durch das Stadtgebiet fuhren.

Kalkutta ist keine sterbende Stadt mehr. Sie ist vielmehr auf dem besten Weg, eine moderne Grossstadt zu werden. Mehr und mehr bestätigte sich für mich der Eindruck, dass es in Kalkutta wirtschaftlich aufwärts ging. Uralte, dem Verfall geweihte Bauten im Kolonialstil wurden abgerissen und mussten modernen Hochhäusern weichen. Neonreklamen von verschiedenen Firmen, Banken und Versicherungen zierten nun vielfach das zunehmend moderne Stadtbild. Zum Verweilen einladende Restaurants und grosse Einkaufscenter entstanden. In einem riesigen neuerstellten «New Market» kann man inzwischen alles kaufen, was das Herz begehrt.

Dort hatte ich ein besonderes Erlebnis. Inmitten einer grossen Menschenmenge gab mir ein zerlumpter, beinmagerer Bettler mit Handzeichen zu verstehen, dass er Hunger habe. Er wollte natürlich Geld. ‹Komm mit›, winkte ich ihm zu und peilte einen Marktstand mit indischem Essen an. Er begriff schnell, dass er bestellen durfte. Ich bezahlte und er bedankte sich – und schon war er verschwunden. Ich folgte ihm heimlich, weil ich erwartet hatte, dass er die Samosas[22] mit Heisshunger verschlingen würde. Verblüfft sah ich, dass er bei einem anderen Marktstand das Geschenkte wieder an den Mann brachte. Die erhaltenen Rupis setzte er gleich in Alkohol um. Im Moment wurde ich wütend. Was hätte ich tun sollen, ihm den Fusel wegnehmen? Nein, ich hatte einem Menschen für ein paar Stunden den harten Alltag erträglicher gemacht.

---

22 Samosa: mit Reis, Kartoffeln oder Hackfleisch gefüllte Teigtaschen

Bei Mutter Teresa

Wie erwähnt, machte mir Gabriel damals, als wir uns in Jobat begegneten, keine Hoffnungen, dass ich Mutter Teresa besuchen könnte. Ich begab mich dennoch zum Mutterhaus und wurde von den dort anwesenden Nonnen sehr freundlich empfangen.

«Ja, Sie können Mutter Teresa in einer halben Stunde treffen», informierten sie mich.

«Wie bitte, Mutter Teresa ist hier?», entfuhr es mir.

«Ja, sie ist gestern aus Rom zurückgekehrt.»

Was für ein Glück ich doch hatte! Es war schon ein erhabener Moment für mich, dieser gebückten kleinen Frau meine Hand reichen zu dürfen. Für ein Foto mussten wir uns setzen, da ansonsten Schulter und Kopf von mir nicht mehr auf dem Bild ersichtlich gewesen wären. Ich fragte sie, ob ich ihr Leprazentrum in Titagarh besuchen dürfe. «Gerne, ein Bruder kann Sie hinführen.» Untereinander sprachen sie sich mit ‹Bruder› und ‹Schwester› an. Ein paar Kilometer nördlich befand sich dieses Zentrum für geheilte Leprapatienten, die dort arbeiten durften. Eine Übernachtungsmöglichkeit für Besucher sei vorhanden und morgen würden sie mich dort herumführen.

Der mir zur Seite gestellte Bruder und ich kamen noch am selben Tag spätabends dort an. Ich war hundemüde und schlief sofort ein. Dann aber, um Mitternacht, wurde ich durch einen infernalischen Lärm unsanft aus dem Schlaf gerissen. Das Gekreische der Räder und das Aufprallen der Puffer habe ich heute noch in den Ohren. Im Dunkeln sah ich einen endlos langen Kohlenzug, der Nachschub für das nahegelegene Koh-

Ein Jahr vor ihrem Tode durfte ich sie besuchen.

77

lekraftwerk brachte, und dies jede Nacht. Da bekam ich eine Ahnung davon, welch riesige Mengen an Kohle für die Stromerzeugung verfeuert wurden. Und das nicht nur hier.

Nach dem Morgenessen zeigte mir der Pfleger einen in Plastik verpackten Apparat und fragte mich, ob ich wisse, was das sei und wie man diesen an das Stromnetz anschliessen könne. Rasch sah ich, dass ich vor einem hochmodernen Röntgenapparat stand. «Wie lange ist er denn schon hier?» «Über ein Jahr.» Ich musste leer schlucken, denn solch teure Spenden sind sinnlos, wenn die nur abgegeben werden, um das schlechte Gewissen zu beruhigen.

Um zum gegenüberliegenden, langgezogenen Gebäude mit den Webstühlen zu gelangen, mussten die Nonnen vier Schienenstränge der indischen Bahnen überqueren. Und rechtsseitig, im Dunst des Morgennebels, entdeckte ich zwei Frauen, die den eingesammelten Kuhdung zu Fladen formten. Danach legten sie diese zum Trocknen auf die Holzschwellen zwischen den Gleisen und einige Tage später wurden sie dann eingesammelt und dienten danach als Brennmaterial zum Kochen. Ich habe weder in Indien noch in Bangladesch beobachten können, dass diese Arbeit je von Männern ausgeführt wurde. Offenbar ist dies ausschliesslich eine Frauenarbeit der unteren Kaste[23], denn die gibt es leider immer noch. Der Dunst, den ich vorerst als Morgennebel deutete, war – wie ich dann feststellen musste – kein solcher, sondern die Folge einer

grauenhaften Umweltverschmutzung. Die Abgase vom Kohlekraftwerk, die russgeschwärzten Auspuffschwaden der Lastwagen wie aber auch der beissende Rauch der Öfen in den Lehmhütten, in denen sogar Plastik verbrannt wurde, machten das Atmen schwer. Was für ein guter Filter unsere Nase doch ist, merkte ich erst, als ich in mein Taschentuch schnäuzte – brandschwarz.

Kuhdung wird getrocknet.

[23] Im indischen Kastensystem gelten die Kastenlosen, die Unberührbaren, als unrein und müssen minderwertige Arbeiten verrichten. Sie werden auch Dalits genannt.

Ich folgte den Nonnen zum *Ghandiji Prem Nivas,* zu diesem Gebäude, wo die Spinnräder und Webstühle standen. Da kam ich aber aus dem Staunen nicht mehr heraus, mit welchem Tempo die vormals von Lepra Geschädigten auf uralten Webstühlen den Sari-Stoff mit blauem Rand woben, mit dem sich alle Nonnen bekleideten. Und dies ohne Strom. Auch der inzwischen geheilte Elektriker, der einen Ventilator reparierte, hantierte geschickt mit einem Schraubenzieher, obwohl er diesen nur mit beiden Fäusten festhalten konnte.

Der Antrieb erfolgt per Hand – kein Motor.

Im diesem langgezogenen Gebäude stehen viele Webstühle.

Bei einem der dortigen Pfleger erkundigte ich mich, ob ich einen Tag als Freiwilliger irgendwo mithelfen könne. «Ich werde eine der Schwestern fragen», meinte er. Kurz darauf wurde ich von einer sehr jungen Nonne in einen anderen Stadtteil zu einem mehrstöckigen Waisenhaus begleitet. Fenster, so wie wir sie bei uns kennen, gab es in diesem Gebäude keine. Es waren nur viereckige, grosse Öffnungen, vergittert, aber ohne Glasscheiben. Der Lärm der tief unten liegenden Hauptstrasse dröhnte deshalb ungedämpft zu uns herauf und die ungefilterten Abgase reizten Nase und Augen. In diesem Waisenhaus spielte ich mit den Kindern. Diese waren recht zutraulich. So nahm mich einer der dortigen Knaben an die Hand und führte mich ein wenig im Gebäude herum. Nachmittags wies mir eine Schwester dann eine Arbeit im Sterbe-haus zu. Dies war ein separates Gebäude. Dort wusch ich mit anderen Freiwilligen schmutzige Wäsche. Zu diesem Zweck wurden zwei riesige, rechteckig betonierte Becken mit Wasser aus den jeweiligen Hähnen gefüllt. Im ersten wurde in einem kalten Aufguss vorgewaschen und im zweiten dann gespült. Ich habe das ein paar Stunden lang mitgemacht, dabei aber nicht verstanden, weshalb man die Wäsche von alten und kranken Leuten im kalten Wasser und von Hand waschen musste, wo es doch Industriewaschmaschinen für Krankenhäuser gibt. Schon rein aus gesundheitlichen und hygienischen Gründen für die Helfer hätte eine solche von den vielen Spenden-geldern angeschafft werden müssen.

Einen sehr guten Eindruck hatte ich von einem Lepraspital im Bundesstaat Orissa. In dessen Hauptstadt Bhubaneswar hatte Mutter Teresa seinerzeit ein Leprazentrum gegründet, das von Nonnen geführt wird. Beim Anblick dieser armen Kreaturen lief es mir heiss und kalt den Rücken hinunter. Patienten streckten mir ihre fingerlosen Hände entgegen und baten um ein Almosen. Schaudernd blickte ich in tote Augenpaare, denn die Leprakranken verlieren nicht nur Finger und Zehen durch die Krankheit, sondern im Endstadium auch das Augenlicht.

Mutter Teresa starb am 5. September 1997, ganze fünf Tage später als die damals äusserst beliebte und fotogene Prinzessin Diana. Über Dianas Tod

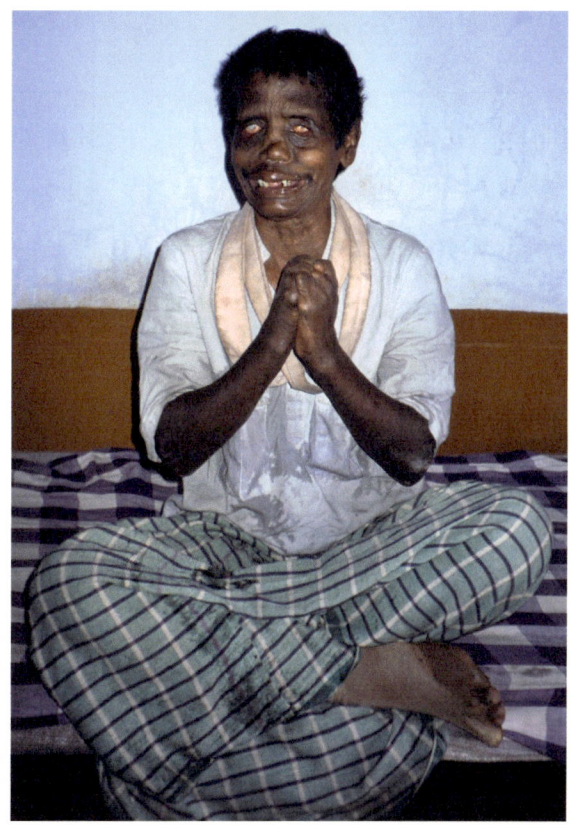

Dieser Leprapatient hat durch seine Krankheit auch noch das Augenlicht verloren.

wussten die Medien allerdings weitaus mehr zu berichten, als über das selbstlos geführte Leben von Mutter Teresa. Später besuchte ich nochmals das Mutterhaus, wo sie – von Nonnen bewacht – in einem steinernen Sarg aufbewahrt wird. Leider erwischte ich einen ungünstigen Zeitpunkt, denn ich traf dabei auf jahrmarktähnliche Zustände. Radio und Fernsehen waren anwesend. Diesen Rummel hätte Mutter Teresa sicher nicht gewollt. Enttäuscht schlich ich mich davon und kehrte wieder ins Gästehaus zurück. Es war mein letzter Besuch bei Mutter Teresa.

Ein Leprazentrum in Bhubaneswar, das auch von Mutter Teresa gegründet wurde.

Aufenthalt in einem grossen Lepraspital in Naini

Die Lepra-Mission Schweiz warb um Spenden für ein grosses Lepraspital in Indien. Ich erkundigte mich beim Präsidenten, Herrn Reist, ob ich einmal dieses Zentrum besuchen und dabei etwas mithelfen dürfe. «Gerne», meinte er, «ich könnte ihnen einen zweiwöchigen Aufenthalt organisieren.»

Nach einem Aufenthalt bei Gritli in Jobat besuchte ich Naini, diese Stadt mit dem berühmten Leprazentrum. Dort wurde ich bereits erwartet. Dieses Lepraspital ist das grösste in ganz Asien und besteht aus einer grossen Anzahl von Gebäuden, etlichen Patienten- und Operationssälen sowie einem Therapiezentrum. Für mich von besonderem Interesse waren natürlich die Transformatorenstation, die eigene Wasserversorgung und die Werkstatt. Für eine sichere Stromversorgung stand eine Notstromgruppe zur Verfügung. Anfänglich fühlte ich mich sehr alleine, denn mein Englisch war mager und das Personal unterhielt sich in der Hindi-Sprache. Ich durfte bei der Pflege ein wenig mithelfen und freundete mich dabei rasch mit einigen Patienten an. An diesem Ort lernte ich sogar mit den Fingern zu essen.

Jeder Mensch braucht Zuneigung.

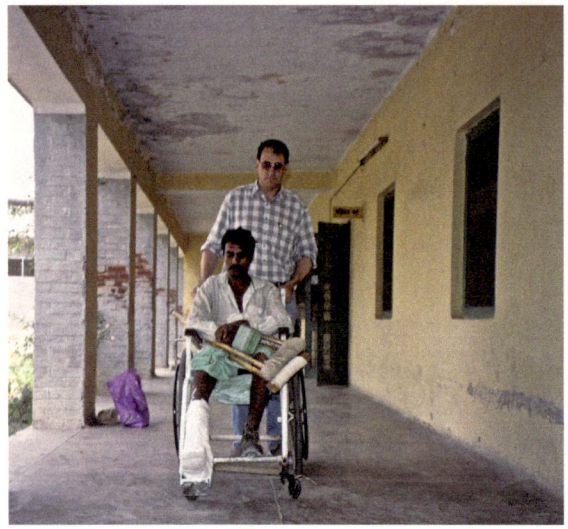

Es ging zur Therapie.

Doris, die Molukkin, die gut
Schweizerdeutsch sprach

Eines Abends kam der Oberpfleger zu mir und meinte, dass eine Frau aus Europa hier sei, die mich gerne treffen wollte. Im Augenblick sei sie aber noch krank. Wer mochte diese Frau wohl sein? Ich hatte keine Ahnung. Zwei Tage später tauchte sie dann tatsächlich bei mir auf und stellte sich auf Englisch vor. Als ich mit meinem unsicheren und holprigen Englisch die Bemerkung fallen liess, dass sie bestimmt keine Europäerin sei, meinte sie: «Nein, ich bin eine Molukkin[24], aber in Holland aufgewachsen.» Als sie daraufhin erfuhr, dass ich aus der Schweiz hergereist war, meinte sie im schönsten Basler Dialekt, dass ich mit ihr schon Schweizerdeutsch reden könne. «Ich heisse Doris und habe in der Rudolf-Steiner-Klinik in Arlesheim bei Basel gearbeitet.» Wie ist die Welt doch klein! Kaum zu glauben, dass man sich im tiefsten Indien im Schweizer Dialekt unterhalten kann.

Eines Tages waren aus Indonesien, Bangladesch und Pakistan Ärzte für einen Weiterbildungskurs angereist, die allesamt auf die Behandlung von Leprapatienten spezialisiert waren.

---

24 Die Molukken sind eine Inselgruppe in Indonesien.

Mit dabei war auch ein Dr. Negrini, ein Chirurg aus Genf, der im Norden von Bangladesch zwei Spitäler führte. Er war erfreut, weitab von seiner Heimat einen Schweizer zu treffen, und lud mich ein, ihn in Bangladesch einmal zu besuchen. Bei Vorträgen, die in englischer Sprache abgehalten wurden, durfte ich als Zuhörer mitten unter den Ärzten, Therapeuten, Krankenschwestern und Pflegern sitzen. Wenn jeweils gewisse Fachbegriffe erwähnt wurden, klärte Doris, die neben mir sass, mich entsprechend auf. So konnte auch ich mir mit der Zeit einige wichtige Kenntnisse über Lepra aneignen.

Lepra ist eine bakterielle Erkrankung. Weisse, gefühllose Flecken auf der Haut, beispielsweise im Gesicht, sind Alarmzeichen dafür, dass die Krankheit bereits erste Nervenbahnen zerstört hat. Die Bakterien breiten sich in der Folge davon im ganzen Körper aus und der Patient hat plötzlich in den Fingern, den Füssen oder den Beinen keine Gefühle mehr. Wenn Leprapatienten sich verletzen, spüren sie selber dies erst gar nicht, sofern die entsprechenden Körperstellen bereits von den Lepra-Bakterien erfasst worden sind. Infolgedessen können sich Vereiterungen heranbilden, die vom Kranken ebenfalls nicht wahrgenommen werden. So können dann in der Folge davon auch Blutvergiftungen entstehen, die nicht mehr heilbar sind. Lepra kann aber auch dazu führen, dass die Patienten erblinden oder sich kleinere Körperteile wie Finger und Zehen zurückbilden und der Leidende letztendlich nur noch einige Stummel an der Hand oder am Fuss hat. In Indien, wo man vorwiegend mit den Fingern isst, muss dem Leprakranken dann jeweils ein Löffel über den Stumpf seines Arms gebunden werden. Er muss dann lernen, auf diese Weise zu essen.

Leprakranker kann etwas arbeiten.

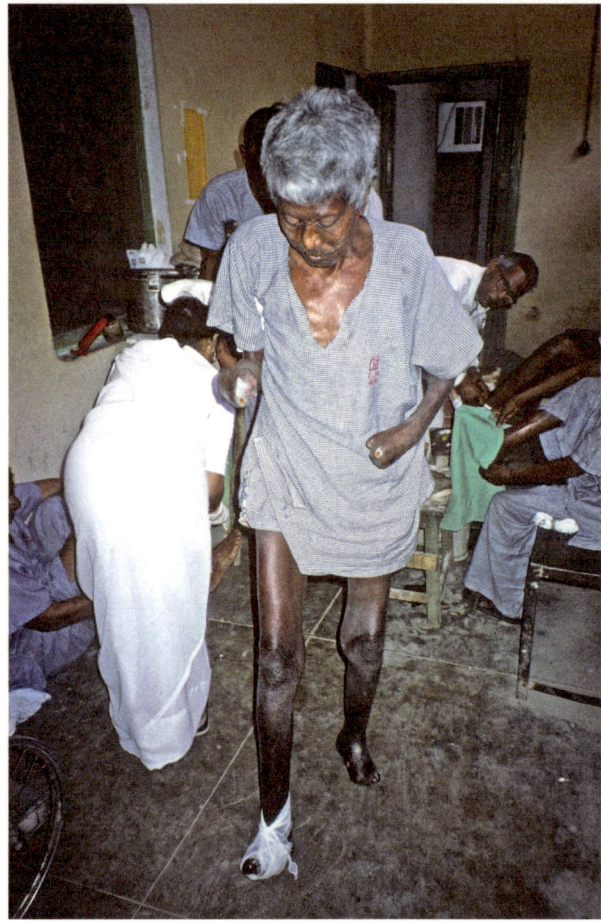

Keine Finger, keine Zehen mehr

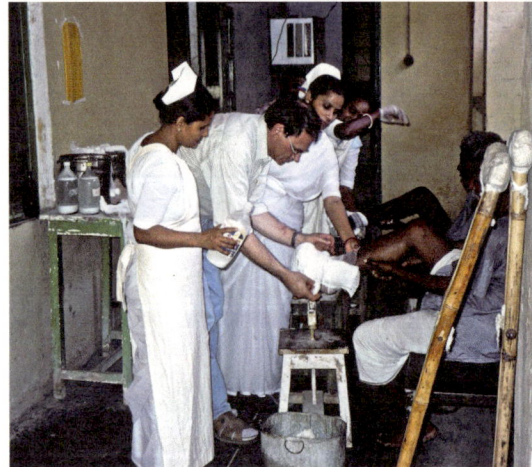

Hübsche Schwestern gaben mir Anleitung.

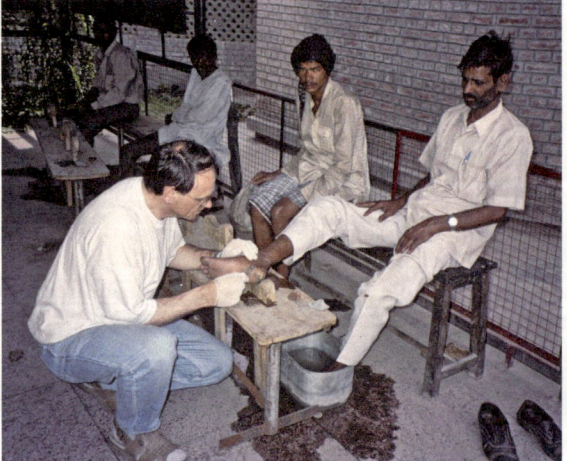

Die Fusssohlen waren wie Leder.

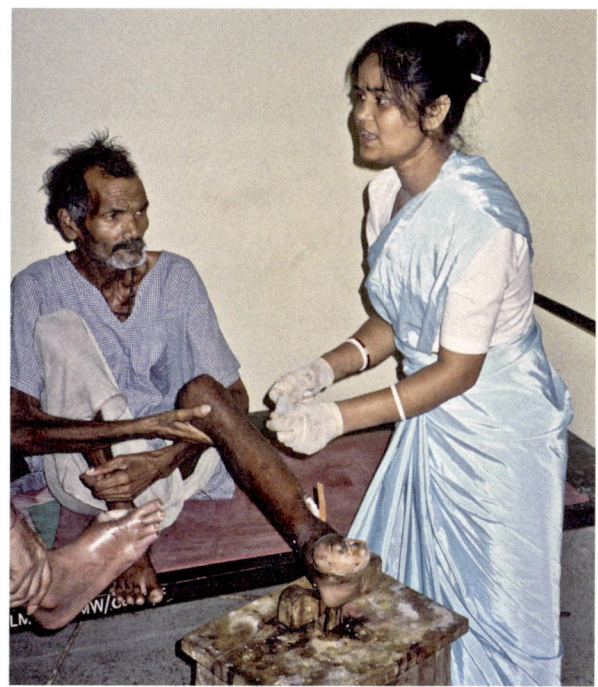

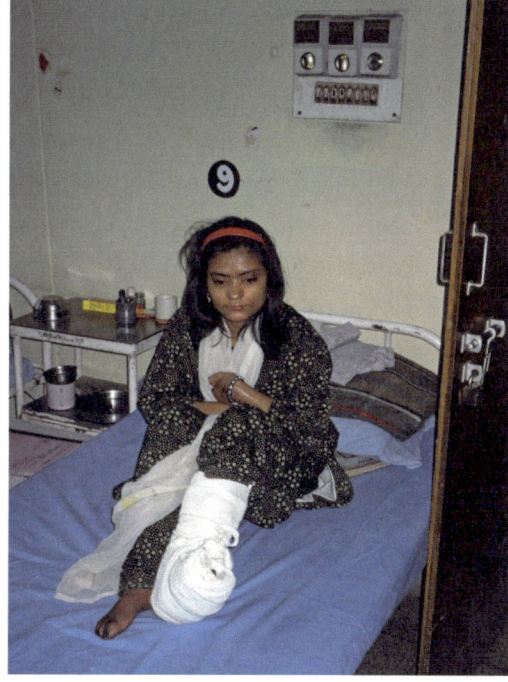

Leprakranker hat auch noch Diabetes.

Schlimm, ein so junges Mädchen
hat mit Lepra zu kämpfen.

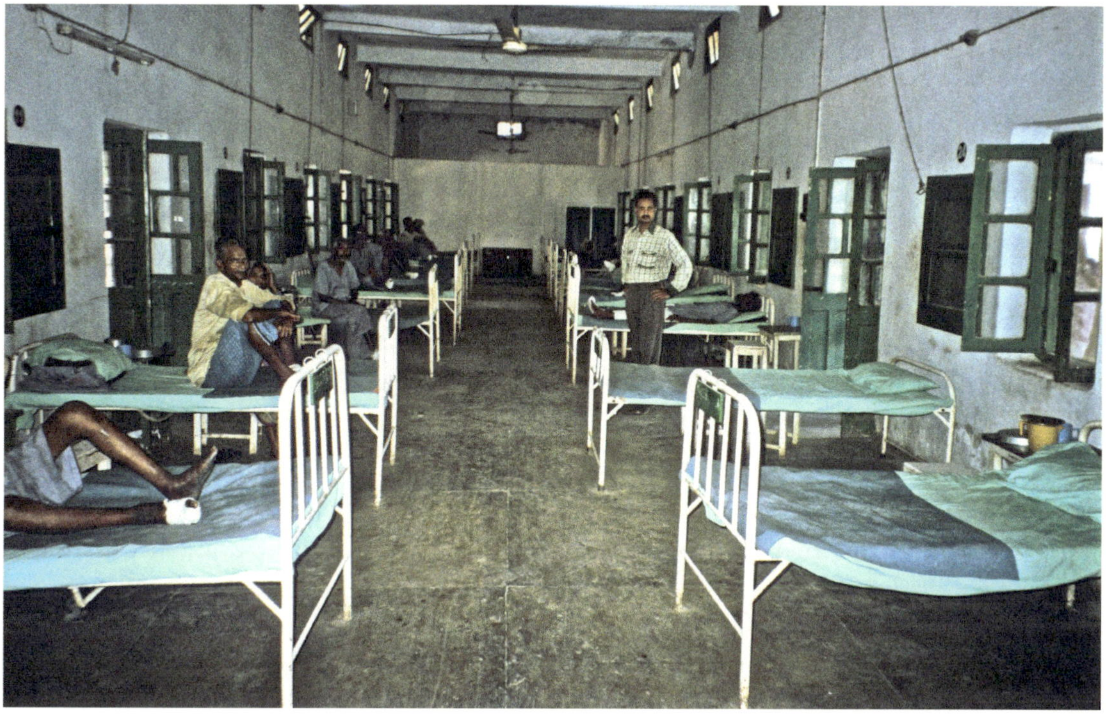

Im Sommer ist es unerträglich heiss im Krankensaal.

Die indischen Ureinwohner, die Adivasi, sind ganz besonders gefährdet, an Lepra zu erkranken. Leider suchen viele von ihnen nicht rechtzeitig ein Spital auf, wo man ihnen helfen könnte. Und bei etlichen von ihnen lautet die Diagnose dann: «Zu spät!» Ausserdem fühlen sie sich in einem Spital wie eingesperrt und sind es nicht gewohnt, Regeln zu befolgen. Ich habe selbst gesehen, wie Adivasi mit verletzten Beinen und Füssen, voll von Maden in den Wunden, zu uns ins Krankenhaus gebracht wurden. Dennoch konnte niemand ihre Flucht aus dem Spital verhindern. So verschwanden nicht wenige von ihnen wieder – vor sich hin humpelnd – bei Nacht und Nebel. Zuhause liefen sie dann wieder barfuss umher, obwohl man ihnen im Spital Schuhe angepasst hatte, die sie vor weiteren Verletzungen schützen sollten. Doch daran konnten sie sich nicht gewöhnen. Man versuchte ihnen auch zu erklären, welche Medikamente wann und in welcher Dosis sie zu sich nehmen sollten. Aber auch diese Umsetzung wurde nur selten befolgt. Hinzu kommt, dass viele Adivasi Analphabeten sind und die Erklärungen, die man ihnen in schriftlicher Form mitgab, gar nicht lesen konnten. Für sie war sowieso alles viel zu bürokratisch und kaum verständlich. Und dennoch: Hätten sie die Regeln befolgt, so hätte bei ihnen die Lepra gestoppt werden können. Doch viele gaben zu schnell ihre Hoffnungen auf und kehrten zurück zu ihrem Stamm. Für westliche Leser mögen sie ein ziemlich unterentwickeltes Volk sein, denn sie trugen damals auch keine Uhren. Ihr Tagesablauf richteten sie nach der Sonne aus. Bei der heutigen Generation der Adivasi sieht die Sache deutlich besser aus. Sie können die Schulen besuchen und haben das Schreiben und das Lesen erlernt.

Ich sah bald ein, dass hier im Spital kein zusätzlicher Pfleger aus Europa benötigt wurde. Sie alle waren Spezialisten bei der Leprabekämpfung. Was hier fehlte war, schlichtweg Geld, um Medikamente und medizinische Geräte kaufen zu können. So war ihnen mehr gedient, als ich ihnen einen Sterilisator und einen Kardiographen reparierte. Zu meinem Bedauern musste ich bald einsehen, dass mein Wunsch, mich einmal für die Ärmsten der Armen, für diese leprakranken Menschen einzusetzen, auf lange Sicht nicht in Erfüllung gehen würde. Aber ich war zumindest um eine Lebenserfahrung reicher geworden. Oder ein wenig anders gesagt: Mich hatten die Erlebnisse in diesem Lepraspital in gewisser Weise abgehärtet. Ich hatte mir hier eine Art seelischen Schutzpanzer umgelegt, ohne den ich später die Armut und das Elend auf dieser Welt kaum hätte ertragen können.

Abschliessend zu diesem Kapitel möchte ich doch noch eine kleine Begebenheit einfügen, die mich heute – nachträglich – schmunzeln lässt. Als der früher erwähnte Oberpfleger eines Tages sah, dass ich ein sehr teures Kassettengerät bei mir hatte, meinte er: «Dann hat Herr Reist es also doch nicht vergessen.» «Was hat er nicht vergessen?», fragte ich zurück. «Eben dieses Gerät hier», gab er mir zur Antwort. «Damit können wir zur Therapie auch die passende Musik abspielen», klärte er mich auf. Ich wusste von allem nichts und gab ihm dies auch klar und deutlich zu verstehen. «Sorry», meinte er nur mit leicht bedrückter Stimme, «dann hat er es halt eben doch vergessen.» Mir liess sein Bedauern keine Ruhe und schlussendlich habe ich ihm mein teures Kassettengerät dann doch geschenkt. «Ich wünsche viel Erfolg beim Therapieren», sagte ich zu ihm. Selbstverständlich hatte Herr Reist nie mit ihm gesprochen. Ich war wieder einmal hereingelegt worden.

Mit Jack Preger in einem Elendsviertel von Kalkutta

Unter dem Begriff «Jack Preger, der Strassenarzt von Kalkutta» sind im Internet zahlreiche Beiträge zu finden. Als ich von ihm hörte, machte ich beim nächsten Heimflug einen Zwischenstopp in Kalkutta. Die Suche nach «Dr. Jack», wie er dort genannt wurde, war gar nicht so einfach, weil ich keine Anschrift von ihm hatte. Nach vielem Herumfragen wusste ein Gast im Blue Sky, einem Café, das rege von Touristen besucht wurde, seine Adresse. Ich quartierte mich im Guesthouse Galaxy an der Stuart Lane ein. Im gleichen Hotel logierte Gabriela, eine Schweizerin, die in Italien lebte. Sie arbeitete seit ein paar Monaten als Volontärin im Sterbehaus von Mutter Theresa. Ich fragte sie, ob sie mich zu Jack Preger begleiten wolle. Den Rikschafahrer hatte ich bereits reserviert. Als ich seine zerrissenen Sandalen sah, fragte ich ihn: «Hast du kein zweites Paar?» Er klappte den Deckel vom Sitz der Rikscha[25] hoch und zeigte mir seine ganzen Habseligkeiten. Drinnen waren ein zweiter Lungi und ein Plastiküberwurf gegen den Regen, sonst nichts, wirklich gar nichts. «Wo ist denn deine Familie?», wollte ich wissen. «Meine Frau und die Kinder sind in Bihar. Aber dort gibt es keine Arbeit und ich kann nur einmal im Jahr hinfahren.» Bihar ist der ärmste Bundesstaat von ganz Indien. «Wo übernachtest du?» «In der Rikscha, aber in der Regenzeit darf ich mich im Vorhof vom Hotel Maria hinlegen.»

Von seinem Tagesverdienst musste er rund die Hälfte dem Vermieter der Rikscha abgeben, vom Rest musste er das Essen kaufen, dann blieben vielleicht ein paar Rupien übrig. So ist sein Leben und so müssen Zehntausende ihr Leben fristen. Sie haben nichts, kein Bankkonto, keine Krankenkasse, keine Pension und leben jeden Tag nur von der Hand in den Mund. Als ich daran dachte, dass wir eigentlich alles haben und trotzdem manchmal unzufrieden sind, schämte ich mich richtig. «Komm

---

25 Rikscha, in Kalkutta ein zweirädriger Karren mit zwei Deichseln

Solche Rikscha-Wallah gibt es
nur noch in Kalkutta.

Die kannten sich aus und kamen überall durch.

mit, ich kaufe dir ein Paar Schuhe, ein T-Shirt und einen richtigen Regenschutz.»
Er wusste nicht, wie ihm geschah. Für ihn war es wie Weihnachten, als er den Schatz
in seiner Kiste verstauen durfte. Gabriela hatte bisher nichts von Dr. Jack gehört, war
aber interessiert, ihn kennenzulernen.

In den engen und verwinkelten Gassen kann sich nur eine Rikscha vernünftig fort-
bewegen. Von Hand gezogene Rikschas sieht man nur noch in Kalkutta. Die «Rikscha-
Wallah»[26] sind sehr stolz auf ihren Beruf, haben eine eigene Gewerkschaft gegründet
und wehren sich vehement gegen ein Verbot ihres Gewerbes. Er gibt ihnen wohl Verdienst, aber es kostete mich einige Überwindung, mich als lebende Fracht von einem
schmächtigen Mann, eingespannt wie ein Pferd zwischen zwei Deichseln, dorthinzie-
hen zu lassen. Es war für mich kein Trost, wenn ich sah, dass auf anderen Rikschas, eng
zusammengepfercht, sogar zwei Erwachsene mit zwei Kindern hockten.

Die Adresse, die ich dem Rikscha-Zieher unter die Nase hielt, entlockte ihm nur ein
«No problem.» Gestikulierend gab er mir immer wieder zu verstehen, wie gut er sich

26 Rikscha Wallah ist ein Rikscha-Zieher.

92

in der Stadt auskannte. Offensichtlich war er stolz darauf, einen Weissen kutschieren zu dürfen, und freute sich auf ein grosszügiges Trinkgeld. Deutlich weniger erfreut war ich über seine Zickzackfahrt, mit der er sich im dichten Verkehr fortbewegte. Mir wurde rund um das andauernde Hin-und-her-Gekurve teilweise schon fast übel. Ein rücksichtsvolles Fahrverhalten kennt man in diesem Land nicht, denn ein einzelnes Menschenleben zählt in so einem Staat mit weit über einer Milliarde Einwohnern kaum etwas. Und schon gar nicht in einer Stadt wie Kalkutta, in welcher niemand die genaue Einwohnerzahl kennt. Wegen der vielen Analphabeten ist die Durchführung einer Volkszählung sowieso recht schwierig und nach deren Auswertung wäre auch das Resultat schon längst wieder überholt.

Analphabeten! – Nun, daran hatte ich erst gar nicht gedacht. Aber der Fall war klar. Mein Fahrer war so einer, denn er konnte trotz seines «No Problem» die Adresse auf dem Zettel gar nicht lesen. Dementsprechend hatte er auch keine Ahnung, wohin er mich bringen musste. Und dennoch wusste er sich zu helfen. Er reichte unterwegs den Zettel an solche weiter, die des Lesens kundig waren.

Auf dem Weg zu Jack Preger fuhren wir an scheusslich stinkenden Müllhalden vorbei. An den Anblick der dort herumstochernden Frauen und Kinder wie aber auch an das Gekrächze der darauf herumhüpfenden Raben würde ich mich wohl nie gewöhnen können. Dasselbe galt für den Anblick und den Gestank der offenen Kanäle. Dort, wo die menschlichen Überreste aus dem Haus flossen, blieben sie liegen und faulten vor sich hin. Irgendwann waren diese Gräben, die kein Gefälle besassen, dann voll, und der schlecht riechende Schlamm wurde schliesslich von «Unberührbaren», von Dalits, Menschen der untersten Kaste, herausgeschaufelt und am Rande deponiert. An der Sonne trockneten die Haufen weiter ein und wurden später dann als «Kompost» weggekarrt.

Jack Preger freute sich über meinen Besuch und wir kamen ins Gespräch. Dabei stellte sich heraus, dass wir im selben Jahr, also 1972, in Bangladesch gewesen waren; er als Arzt und ich als Funker. In Bangladesch deckte er einen Kinderhandel auf, in den auch Beamte verstrickt waren. Als Folge davon wurde er von diesen gewissenlosen und korrupten Amtsträgern des Landes verwiesen. Er reiste daraufhin nach Kalkutta, behandelte Patienten in den Elendsvierteln und blieb dort hängen. Nach vierzig Jahren unermüdlichem Einsatz kehrte er im Alter von 88 Jahren nach Irland zurück. Er hätte mit seinem Wirken für die Ärmsten der Armen, für seine lebenslange Aufopferung und die damit verbundene medizinische Hilfe in den schrecklichen Slums von Kalkutta einen Nobelpreis verdient gehabt[27].

Die Freude war beiderseits sehr gross, als wir uns kennenlernen durften.

Jack Prager

---

27 Sein Werk wird durch die Fondation Calcutta Espoir (calcutta-espoir.ch) und Calcutta Rescue (calcutta-rescue.ch) weitergeführt.

Nagpur, ein heisses Pflaster

In einer Frauenzeitschrift wurde eine Engländerin, Leah Pattison geehrt, weil sie sich besonders für die an Lepra erkrankten Frauen einsetzte. Laut diesem Beschrieb sollte sie sich in Nagpur, einer Stadt in Zentralindien, selbst angesteckt haben. Nach der Genesung hatte sie geplant, dort ein Krankenhaus zu bauen. Nun sah ich eine Möglichkeit, mich für die Leprakranken einzusetzen. Bestimmt konnte ich zu Hause Geld für dieses Projekt sammeln oder sogar bei der Planung mithelfen.

Ich wollte mich vor Ort erkundigen und fuhr von New Delhi mit einem Bus dorthin, quartierte mich in einem Guesthouse ein und ging anderntags auf die Suche nach diesem Hilfswerk und dem Spitalneubau. Ich klapperte öffentliche Lepraspitäler ab, besuchte die Heilsarmee, die englische Botschaft und fragte die Taxi- und Rikschafahrer – ohne Erfolg. Weder der Name Pattison noch ihr Hilfswerk «START» waren bekannt. Auch die Stadtverwaltung wusste nichts von einem geplanten Neubau. Bei dieser Recherche wurde mir auch klar, warum Nagpur von keinem Reiseführer empfohlen wird. Diese Stadt hat nicht viele Sehenswürdigkeiten zu bieten und wird deshalb von den Touristenströmen links liegen gelassen. Zudem war es furchtbar heiss und trocken und wie ich später erfuhr, soll dort einer der heissesten Punkt von ganz Indien sein. Die höchste Temperatur wurde mit 48.6°C gemessen. Unverrichteter Dinge und enttäuscht kehrte ich nach zwei Wochen wieder zurück in die Schweiz.

Palmblattbibliothek in Vaithisvarankoil

In einem kleinen Dorf südlich von Chennai[28] mit dem tamilischen Namen Vaithisva-rankoil befindet sich eine uralte Palmblattbibliothek mit tausenden von beschriebe-nen Palmblättern. Auf diesen soll das Schicksal vieler Menschen aller Herren Länder aufgezeichnet sein. Besuchen könne man die Bibliothek nur, wenn die Zeit dafür reif sei. Ohne mich anzumelden, nahm ich ein Taxi und fuhr hin. Erstaunlicherweise ge-währte man mir sofort Einlass und die Suche begann nach «meinem» Palmblatt aufgrund von Namen und Geburtsdatum. Das passende wurde aus einem Bündel herausgefischt und ich staunte nicht schlecht, wie fein die alttamilische Schrift ein-geritzt war. Ein Dolmetscher versuchte ins Englische zu übersetzten, von dem ich fast nichts verstand, so hart war seine Aussprache. Die besprochene Kassette durfte ich wohl behalten, sollte aber die Übersetzung noch separat bezahlen.

Wieviel davon nur eine Abzockerei war, sei dahingestellt. Und ob sich die Vorhersagen erfüllen oder nicht, eben-falls. Aber die Bündel von Palmblät-tern mit den unglaublich feinen einge-ritzten Schriftzeichen, die fast nur mit einer Lupe zu lesen sind, habe ich mit eigenen Augen gesehen.

Berge von Palmblättern

---

28 Chennai, früher Madras

Meine Personalien wurden aufgenommen.   und ich musste ‹unterschreiben›.

Urzeitliche Höhlen in Bimbetka

In wenigen Reiseführern steht der Name Bhimbetka. Dort sollen sich viele Höhlen mit jahrtausendealten Höhlenmalereien befinden. Ein paar davon seien für die Besichtigung freigegeben worden, so der Bericht. Ich suchte einen Taxifahrer, der den Weg kannte. Leider fragte ich nicht nach der Dauer der Fahrt. Und mein zweiter, unverzeihlicher Fehler war, dass ich vergass, etwas Trinkbares mitzunehmen. Da ich alleine im Taxi sass, dachte ich nicht an eine sensationelle Touristenattraktion. Die Umgebung wurde immer gebirgiger, kahler und trockener. Endlich mittags ange-

langt, begrüssten uns zwei mit Langgewehren bewaffnete Wächter beim Eingang. Kein Tourist, keine Menschenseele wagte sich in diese gottverlassene Gegend. Der Taxifahrer zeigte kein Interesse an der Besichtigung. Er hatte andere Sorgen. Der überhitzte Motor seines Ambassadors wollte nicht mehr. Da half nur Wasserkühlung, literweise.

Zur Erklärung der verschiedenen Szenen aus uralten Zeiten bekam ich ganz alleine einen Fremdenführer. Höchst interessiert betrachtete ich die bemalten Felswände. Da war das Familienleben, Jagdszenen, aber auch kriegerische Handlungen aus einer Zeit vor mehr als 9000 Jahre waren für die Nachwelt festgehalten worden. Schon

damals bekämpfte sich anscheinend die Menschheit. Nichts Neues unter der Sonne. Der Taxifahrer drängte zum Aufbruch. Wahrscheinlich war die Beleuchtung vom Auto auch im Eimer. Zurück in der «Zivilisation» blieben wir im Verkehr stecken. Mir blieb die Zunge am Gaumen kleben. Jetzt rächte sich, dass ich kein Wasser bei mir hatte.

Bhopal 1984, Giftgasunglück von Union Carbide

Die Erinnerungen an eine vor sich dahinrostende Stahlruine wurden in mir wach, als ich das Buch «Fünf nach zwölf in Bhopal, die größte Giftgaskatastrophe aller Zeiten» von Dominique Lapierre und Javier Moro las. Anfang Dezember 1984 berichteten alle Medien über einen Giftgasunfall in einer Pestizidfabrik von Union Carbide[29] in Bhopal, der Hauptstadt des indischen Bundesstaates Mahdya Pradesh. Eine erste Reaktion war wie immer bei einem solchen Ereignis ein Aufschrei der Empörung. Als die Emotionen abgeklungen waren, tröstete man sich damit, dass «es» ja weit weg war und dass solches bei uns nicht passieren konnte. Das Ereignis war dann bald vergessen und man ging wieder zum Alltag über.

In meinem Reiseführer las ich, dass Bhopal eine schöne Stadt sei, mit zwei Seen, und dass es sich lohnen würde, schon der berühmten Tandoorie-Chicken[30] wegen, dorthin zu fahren. Mit der Bahn erreichte ich im Jahre 2002 diese Stadt problemlos und sah von weitem, dass sie sich auf einer Anhöhe über ein Plateau erstreckte mit einem kleinen und einem großen See. Auf der Suche nach einer Unterkunft stellte ich fest, dass trotz der vielen Sehenswürdigkeiten nur wenige Touristen anzutreffen waren. Anderntags liess ich mich von einem «Three-wheel-Taxi»[31] zum ehemaligen Fabrikgelände der Union Carbide fahren. Mit alten Langgewehren bewaffnete, hellbraun uniformierte Soldaten kamen auf mich zu und gaben mir zu verstehen, dass ich nicht zur Fabrik fahren dürfe. Die Tafel mit der Inschrift «Kein Hiroshima, kein Bhopal – wir wollen Leben» und das Denkmal einer Frau, die ihr totes

---

29 Union Carbide – Amerikanischer Chemiekonzern, heute eine Tochtergesellschaft von Dow Chemical.

30 Tandoorie-Chicken ist ein indisches Hähnchengericht mit einer Marinade aus Joghurt und Gewürzen in einem Ofen gebacken

31 Three-wheel-Taxis sind dreirädrige, überdachte und wendige Fahrzeuge, heute meist elektrisch betrieben.

Kind in den Armen hält, durfte ich fotografieren. Meine Zeit war sowieso knapp bemessen und leider musste ich bereits zwei Tage später wieder nach New Delhi zurückreisen.

Kein HIROSHIMA – kein BHOPAL – wir wollen leben

Da ich Bhopal als Stadt selbst sehr interessant fand, beschloss ich zwei Jahre später, nochmals hinzufahren. Einige Bestechungstricks hatte ich mir unterdessen angeeignet, ebenso verstand ich etwas Hindi. So wagte ich mich nochmals zur Fabrik. In meiner Hemdtasche steckten gut sichtbar ein paar Rupienscheine. Das wirkte. Drei bewaffnete Wächter in Militäruniform fragten mich, was ich wollte. Ihre Blicke waren auf die Geldscheine gerichtet. «Ich möchte die Fabrik besichtigen», gab ich ihnen zu verstehen. Das sei nur in Begleitung möglich und fotografieren sei verboten, war die Antwort. Weil gerade Tea-Time war, gingen zwei in die Teepause. Dem Dritten drückte ich unauffällig einen zusammengefalteten Schein in die hohle Hand. Der genügte scheinbar noch nicht, denn er nahm mir meine Kamera ab. Ein weiterer Schein bewirkte Wunder – er gab mir die Kamera zurück und beachtete mich nicht mehr. Nun war das Fotografieren ohne Einschränkung erlaubt.

Viele Armutsviertel oder Slums in Indien dehnen sich entlang von Flüssen aus oder erstrecken sich längs von Bahnlinien. Die Fabrik Union Carbide war ein grosser Arbeitgeber. In ihrer Nähe entstand deshalb entlang dem Bahntrassee eine langgezogene Siedlung aus Blechhütten, ein Elendsviertel, das merklich tiefer als die Stadt mit den beiden Seen lag. Die meisten Familien lebten dort illegal und waren deshalb auch nicht registriert. Das Giftgas Sevin, das am 3. Dezember 1984 entwich, war schwerer als Luft und breitete sich über das Slumgebiet aus. Ganze Familien starben namenlos einen qualvollen Tod. Niemand weiss, wie viele Leute in jener Nacht des Unglücks jämmerlich ersticken mussten. Sicher ist nur, dass es Tausende von Opfern gab. Die Spätfolgen dieses Giftgasunglücks sind gravierend. Genaue Zahlen können nur unschwer wiedergegeben werden, da ganze Familien im Schlaf überrascht wurden und den Tod fanden. Babys, die noch heute mit Missbildungen geboren werden, sind wohl nur in den wenigsten Statistiken aufgeführt. Und auch die Tatsache, dass der dortige Boden verunreinigt und das Grundwasser vergiftet ist, kümmert wohl nur die wenigsten Leute.

Die Frau schützt sich mit der Hand vor dem Gesicht. Ihr Kind ist bereits gestorben.

Das Stahlungetüm rostete still vor sich hin.

Gegenseitige Schuldzuweisungen haben eine Entsorgung verhindert. Schadensgelder für Aufräumarbeiten sind irgendwo versickert. Niemand hat abgerissen, aufgeräumt und entseucht. Kinder spielen auf dem Areal vor dem Hintergrund der Stahlruine, die still vor sich hin rostet. Gerne hätte ich mich hier innerhalb einer Organisation wie beispielsweise Greenpeace engagiert.

Die Kühlkompressoren wurden abgeschaltet.

Die Kinder spielten auf dem vergifteten Gelände. Im Hintergrund die «Fabrik».

Solarkrematorium in Vadodara

Im Hinduismus werden die Leichen eingeäschert. Es ist der Wunsch jedes Gläubigen, in Varanasi, früher Benares, kremiert zu werden, und dass seine Asche in den Ganges gestreut wird. Indiens Wälder wurden zum grossen Teil abgeholzt. Brennholz wird immer rarer und teurer. Um eine Leiche zu verbrennen, sind 200 bis 400 kg Holz nötig. Der bereits früher erwähnte Verein *GloboSol* kam deshalb auf die Idee, mit der Kraft der Sonne die Leichen einzuäschern. Abklärungen ergaben, dass diese Methode nicht gegen das religiöse Empfinden der Hindus verstiess. Im Bundesstaat Gujarat wurden die ersten Versuche gestartet. Ich fragte bei *GloboSol* an, ob ich die Forschungsstätte einmal besuchen dürfte, und erhielt freundlicherweise die Adresse. Den Reiseplan passte ich daher etwas an und buchte einen Flug über New Delhi, zu dem mir von früher bekannten Flughafen Vadodara. Diesen unscheinbaren Flugplatz hatte ich noch in guter Erinnerung, aber ich erkannte ihn nicht wieder, denn ich

stand vor einem modernen, sehr schön gestalteten Neubau mit modernsten technischen Einrichtungen. Mit einem Taxi erreichte ich den Ort, wo die Versuche stattfanden. Ein grosser Schefflerspiegel[32], der kontinuierlich der Sonne nachgeführt wird, konzentriert die Sonnenstrahlen immer auf den gleichen Punkt. Schon in den Anfängen konnten die nötigen 1000 °C erzeugt werden. Ich durfte die Versuchseinrichtungen anschauen und sogar ablichten. Dass mit der Sonne

Der Schefflerspiegel mit einem Durchmesser von 6 Metern erzeugt im Brennpunkt etwa 1000 °C.

---

32 Nach seinem Erfinder Wolfgang Scheffler benannt

eine Einäscherung ohne den sonst üblichen massiven Holzverbrauch möglich war, hat mich begeistert. Leider habe ich kürzlich vernommen, dass die Weiterentwicklung eingestellt wurde. Die Gründe konnte ich nicht in Erfahrung bringen.

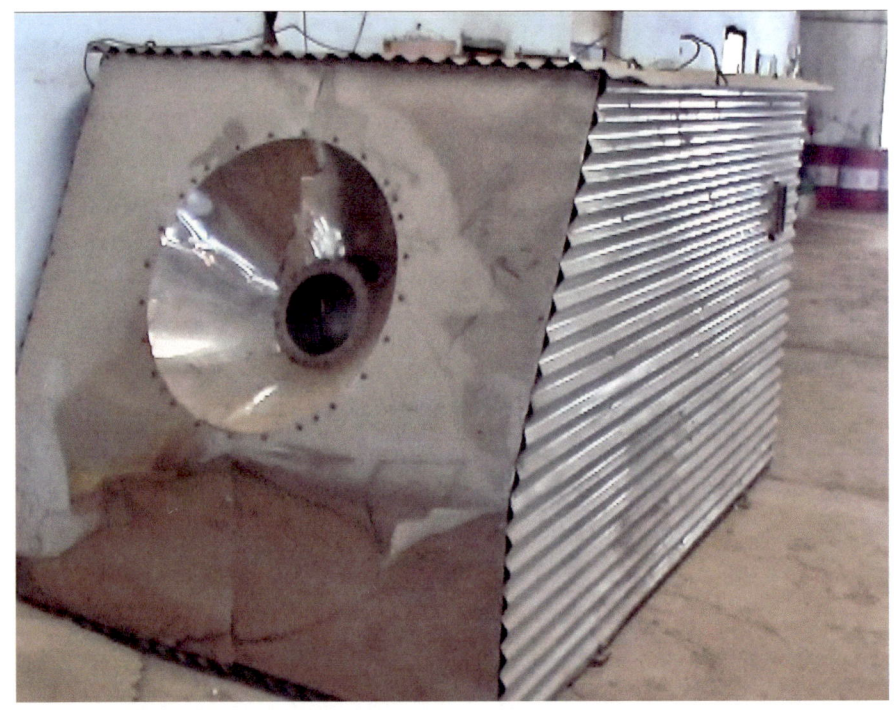

In diesem Krematorium sollten die Leichen eingeäschert werden.

Ein Spital in Anayeri

Mit Hilfe des Vereins «Pirappu-Geburtshilfe in Indien e.V.» in Deutschland, wurde in Anayeri, im Bundesstaat Tamil Nadu, ein Spital gebaut. In dieser sehr armen Gegend ist die Sterberate bei Geburten sehr hoch, weil die Mütter bei der Niederkunft kein Geld haben, um ein Spital aufzusuchen. Der Verein gibt ihnen die Möglichkeit, unter Obhut von Hebammen und eines Frauenarztes ihre Kinder auf die Welt zu bringen. Anschliessend werden sie betreut und beraten. Nach der Inbetriebnahme des Spitals stellte sich bald heraus, dass die Stromversorgung schlecht funktionierte. Vom Projektleiter wurde ich angefragt, ob ich mir die Probleme einmal anschauen könnte. Anayeri ist ein kleines Dorf südlich von Chennai, weit weg von meinen Reiserouten. Ich sah nur eine Möglichkeit, dorthin zu gelangen, nämlich beim nächsten Heimflug von Bangladesch über Kalkutta zu reisen und einen Inlandflug zu buchen.

Spital in Anayeri in einem kleinen Dorf in Tamil Nadu

Eine Trafostange wird aufgestellt.

Im Spital stellte ich sehr rasch fest, dass die Elektroinstallationen nicht den technischen Anforderungen entsprachen. Während zwei Wochen half mir der leitende Arzt aus Deutschland, die gröbsten Mängel zu eliminieren. Leider war das Problem der Spannungsschwankungen damit nicht behoben. Die Ursache lag beim Elektrizitätswerk, das wegen Strommangel Abschaltungen vornahm, die bei uns gefürchtete Störfälle sind. Ein weltweit verbreitetes Problem, das Absinken des Grundwasserspiegels, trat hier besonders zu Tage. Während meines Aufenthalts arbeitete eine Bohrfirma an der Vertiefung des Brunnens, um an das Grundwasser zu gelangen. Erst in 220 Metern Tiefe war dies der Fall.

Freilufttransformator: Die Drahtverbindungen
sind nicht fachmännisch ausgeführt.

In Indoore wird nach Alternativenergien geforscht

Wie schon erwähnt, wurde aus dem «Verein Indienhilfe» eine Stiftung. Zum Abschied wollte ich dem Missionsspital in Jobat ein Geschenk für die Patienten machen. Als ich die Belegschaft nach ihren Wünschen fragte, stellte sich heraus, dass ein neuer Gebärstuhl schon lange auf der Wunschliste stand, aber den könne man nur in Indoore, einer grösseren Stadt, kaufen. Das kam mir gerade gelegen, denn ich hatte vernommen, dass auf einer Anlage am Rande dieser Stad ein Irländer für eine Hilfsorganisation an Alternativenergien forschte. In der Nähe sollte auch eine Universität sein, die mit ihm zusammenarbeitete. Ich fuhr mit einem Bus dorthin, fragte mich zur Firma durch, die Spitaleinrichtungen verkaufte, und bestellte den neuen Gebärstuhl. Anschliessend suchte ich eine Unterkunft. Der Gastwirt kannte diesen Irländer, hatte aber keine Adresse. Er wusste nur, dass er Jimmy hiesse, ein komischer Kauz sei und ich

Eine einfache Kochkiste

Verschiedene Parabolspiegel im Test

109

Schefflerspiegel mit 6 Metern Durchmesser

mich bei ihm anmelden müsse. Leider fand ich keine Telefonnummer und beschloss, trotzdem hinzufahren. Anderntags nahm ich mir ein Taxi. Der Fahrer wusste die Adresse auch nicht, hielt immer wieder an, um andere Leute nach dem Weg zu fragen. Schliesslich erreichten wir auf Umwegen endlich diesen Platz.

Von weitem sah ich die mir bekannten Kollektoren und Solarspiegel. Als nach mehrmaligem Läuten endlich ein strubbeliger, untersetzter Mann an die Pforte kam, bat ich um eine kurze Besichtigung. Brummig und nicht gerade erfreut über die Störung hiess er mich eintreten. In seinem Büro entdeckte ich ein Funkgerät mit einem irischen Rufzeichen und fragte ihn, ob er Radioamateur sei. «Ja, warum fragst du?» Ich antwortete, ich sei in der Schweiz lizensiert, ebenfalls Radioamateur und hätte das Rufzeichen HB9AHY. Da hellte sich sein Gesicht auf und er wurde ganz gesprächig. Das Eis war gebrochen. Nun präsentierte er mir all seine Forschungsarbeiten. Indische Frauen kochten auf schweren Herdplatten, die während des Tages mit der Sonne durch einen Schefflerspiegel aufgeheizt wurden und die am nächsten Morgen immer noch so heiss waren, dass man darauf Fladenbrote backen konnte. Nebenbei hatte er eine Biogasanlage erstellt, brauchte aber das Biogas[33] zu meinem Erstaunen nicht zum Kochen, sondern für eine Gasbeleuchtung.

---

33 Biogas entsteht, wenn in luftdichten Behältern, auch Fermentern genannt, unter Ausschluss von Sauerstoff Biomasse vergärt.

Jimmy hatte im Kleinen eine einfache Lösung gegen das Absinken des Grundwasserspiegels gefunden. Er liess einen offenen, zisternenartigen Brunnen bauen, der bis ins Grundwasser reichte. Das gesammelte Regenwasser der Dächer und der geteerten Plätze floss nun, nachdem es einen Grobfilter passiert hat, direkt ins Grundwasser und nicht oberflächlich direkt zum Fluss.

Im Brennpunkt entzündet sich Papier sofort.

Jimmy demonstriert das Backen
mit Sonnenenergie.

In Varanasi, dem früheren Benares

Der Fluss Ganges gilt als heilig und sein Wasser soll angeblich die Menschen, die darin baden, von ihren Sünden reinigen. Dies gilt vor allem für die Stadt Varanasi, die am Westufer dieses Flusses liegt. Sie hat eine über 3′000 Jahre alte Geschichte vorzuweisen und ist somit eine der ältesten Städte Indiens. Zudem gilt sie als die heiligste Stadt im Hinduismus und wird dem Gott Shiva zugeordnet.

Ich kaufte mir ein Bahnticket und reiste als Tourist dorthin. Die Abteile waren überfüllt und auf dem Bahnsteig war fast kein Durchkommen mehr. Meiner Meinung nach stellt der Bahnhof von Varanasi sowieso einen ganz fragwürdigen Rekord auf. So ist nämlich das ganze Bahntrassee nichts anderes als eine einzige stinkende Kloake. Ein Blick auf die Gleise liess in mir Übelkeit hochkommen, denn diese waren im Haufen von menschlichen Exkrementen kaum mehr auszumachen.

Es wimmelte von Besuchern, die alle das Lichterfest der Hindus besuchen wollten. Doch davon hatte ich erst jetzt erfahren. Sollte ich also wieder umkehren? Nein, auf keinen Fall, denn dazu war ich schon zu lange unterwegs. Ich schritt die Ghats[34] entlang, beobachtete die Leichenverbrennungen und nahm dabei den schweren

Varanasi ist die älteste und heiligste Stadt Indiens.

---

34 Die Ghats sind breite Treppen, die von den Gebäuden und Ufern zum Fluss führen.

süsslichen Geruch wahr. Nach der Verbrennung wurden die Asche und die nicht ganz verbrannten menschlichen Überreste dem heiligen Fluss übergeben.

Hier am Ufer des Ganges werden die Leichen eingeäschert.

Ich wollte das ganze Spektakel vom Ganges her beobachten. Geschäftstüchtige Bootsbesitzer warben für die beste Aussicht auf das Geschehen. Als ich bereit war, einem Ruderer den geforderten Preis zu bezahlen, fuhr er mich hinaus, weit hinaus auf den riesigen und breiten Ganges. Ich wollte wissen, wie tief man in diesen von Fäkalien geschwängerten Fluss hinuntersehen konnte. Zu diesem Zweck hielt ich meine Hand kurz in dieses stinkige Wasser. Doch ich sah keine vier Zentimeter weit. Dennoch badeten die Gläubigen darin und tranken von diesem «heiligen» Wasser. Mich schauderte, als ich an die nicht ganz zu Asche verbrannten Leichen dachte, deren Überbleibsel dem Fluss übergeben wurden.

Am heiligen Fluss Ganges

Weit draussen auf dem Ganges hatte man einen wirklich guten Überblick über das hellerleuchtete Ufer mit den Tempeln und den einzelnen heiligen Stätten. Unendlich viele elektrische Lichter, Lampions und Raketen mit ihrem farbigen Lichterregen erhellten das Szenario. Zudem flackerten bei jedem Luftzug die Scheiterhaufen mit den halb eingeäscherten Leichen hell auf. Im nächsten Moment war wiederum nur ein bläulicher Rauch zu sehen. Kurz gesagt, man konnte das Fest mit allen Sinnen «geniessen», wobei der Geruchssinn am meisten strapaziert wurde.

Mein Ruderer forderte mich inzwischen ständig dazu auf, Glücksbringer, also kleine Teelichter, auf das Wasser zu legen, die daraufhin in Richtung bengalisches Meer schwammen. Dies sollte ich – selbstverständlich gegen ein entsprechendes Entgelt – jetzt tun. Neben all der Tradition und dem hinduistischen Glauben war hier auch noch viel finanzieller Abriss mit dabei.

Am darauffolgenden Tag wollte ich meinen Ausflug beenden und die Hotelrechnung begleichen. An der Rezeption erfuhr ich jedoch, dass der Staat über Nacht eine Währungsreform durchgeführt hatte und alle 500er-Rupienscheine somit ungültig waren. Millionenbeträge an Schwarzgeld wurden so vernichtet. Offiziell wurden Bezahlungen weder mit Kreditkarten noch mit Euro akzeptiert. Also ab in die Bank, um die alten Scheine gegen neue einzutauschen. Ich traf dort ein absolutes Chaos an, da der Staat es versäumt hatte, genügend neue Noten zu drucken. Und somit konnte ich auch nur einige wenige wechseln. Letztendlich hatte ich aber dennoch Glück, dass der Hotelbesitzer Euros auf sein Risiko annahm. Später konnte er diese sogar mit Gewinn wieder veräussern. Irgendwie schaffte ich es zurück nach Kalkutta ins vorher reservierte Hotel. Von dem vielbesungenen Varanasi mit dem heiligen Ganges war ich zutiefst enttäuscht. Das sollte meine letzte Reise in Indien sein und es auch bleiben, denn inzwischen war ich alt und reisemüde geworden.

Nach dreissig Jahren
wieder in Bangladesch

Die Einladung von Dr. Negrini, damals im Lepraspital in Naini, hatte ich nicht vergessen. Nach einem Besuch in Jobat fuhr ich mit der Bahn nach Kalkutta weiter. Die Reise dorthin war angenehm, der anschliessende Transport zum Hotel dafür umso weniger. Die gelb-schwarzen Taxis standen in Reih und Glied am Bahnsteig und von den «Mannen mit Schnäuz» wollte ein Jeder ein besseres Hotel wissen. Richtig aggressiv zerrte einer an meiner Reisetasche, die ich aber festhalten konnte. Dann stieg ich in eines dieser gelb-schwarzen Ambassador-Taxis[35] und wollte den Preis aushandeln. Doch der Fahrer fuhr gleich los. Ich protestierte lauthals und riss die Türe auf. Als ich mich anschickte, wieder auszusteigen, stoppte er endlich. Nun wollte er mir – seiner Meinung nach – das beste Guesthouse in ganz Kalkutta aufschwatzen. «Nein, du fährst mich ins Hotel Maria, und ich will sofort den Preis für die Fahrt wissen oder ich steige aus», gab ich ihm klar und deutlich zu verstehen. Nun merkte er schliesslich doch noch, dass er keinen Anfänger auf dem Hintersitz hatte.

Um zum anderen Stadtteil zu gelangen, musste man den Hugli überqueren. Bis vor einigen Jahren war dies nur über die Howrah-Bridge möglich, damals ein einmaliges Erlebnis. Ingenieure aus England bauten diese Brücke 1942. Abertausende von Autos, Lastwagen, Taxis, Rikschas und ein bis zwei Millionen Fussgänger benutzen diese weltberühmte Brücke täglich. Alle Fahrzeuge hupen dabei um die Wette und kämpfen, da jeder Meter zählt, ums Vorwärtskommen. So auch mein Taxifahrer, der jede Handbreit Weiterfahrt als seinen persönlichen Sieg wertete. In diesem Verkehrsgewühl benahm sich dieser zu cholerischen Ausbrüchen neigende Mann wie ein Rüpel. Er beschimpfte lautstark durch das offene Fenster seinen Nachbarn. Doch dieser

---

35 Ambassador = Botschafter

liess sich so etwas nicht gefallen. Die zwei Hitzköpfe stiegen wutentbrannt aus und prügelten im stehenden Verkehr aufeinander los. Ich riss die Türe auf, packte meinen Koffer und stieg ebenfalls aus. Daraufhin wurden beide wieder etwas vernünftiger und beendeten ihre Rauferei. Wieder im Auto wollte mein Fahrer auf seine energische Art und Weise den Rückwärtsgang einlegen, hatte nun aber nur noch den Steuerknüppel in der Hand, weil die Gangschaltung total ausgeleiert war. Die ganze Sache war mir nicht geheuer, aber der Fahrer lachte nur und steckte den Ganghebel wieder ins Getriebe und fuhr weiter, so als ob nichts gewesen wäre. Schon unverwüstlich, diese gelb-schwarzen Ambassadors, dachte ich mir.

Meine Wahl fiel deshalb auf das Hotel Maria, weil es Computerplätze anbot, um Mails zu schreiben. Damals, Anfang des neuen Jahrtausends, war so ein Angebot in Kalkutta eher eine Ausnahme. Ansonsten war ich von dieser Unterkunft eher enttäuscht. Es gab bessere für den gleichen Preis. Die Bettlaken waren zerrissen und dermassen schmutzig, dass ich es vorzog, im Schlafsack die Nacht zu verbringen.

Am folgenden Vormittag klapperte ich einige Buchhandlungen nach Fachbüchern über Elektrotechnik ab. Die Auswahl an englischer Literatur war überraschend gross. Anschliessend erkundigte ich mich in einem kleinen Reisebüro über Bahn- oder Busverbindungen nach Dhaka. «Das ist kein Problem», klärte man mich auf, «es gibt klimatisierte Busse nach Bangladesch, die täglich verkehren.» Ich kaufte mir so ein Busbillett, das allerdings nur auf indischem Gebiet seine Gültigkeit hatte. «Nach dem Grenzübertritt müssen Sie sich erneut ein Ticket kaufen», lautete die Auskunft. Da nur wenige Passagiere das gleiche Reiseziel hatten, wurden wir von der Busgesellschaft samt Gepäck in einen Jeep verfrachtet. Von einem «klimatisierten Bus» konnte also keine Rede mehr sein.

Nach einer Stunde Rüttelfahrt, immer noch auf der indischen Seite, lauerten uns Banditen auf und verlangten für die Weiterreise zur Grenze Strassenzoll. Alle Augenpaare waren auf mich gerichtet. Zweifellos war ich der Reichste in dieser Runde. Nach lautem und heftig gestikulierendem Wortwechsel zwischen den Parteien wurde ich aufgefordert, den in der Zwischenzeit ausgehandelten Betrag zu bezahlen.

Wer wieviel an diesem Geschäft verdient hat, werde ich wohl nie erfahren, aber es war sicher eine abgekartete Sache. Was blieb mir anderes übrig, als die geforderten Scheine hinzulegen!

Bei der anschliessenden Weiterfahrt erlebte ich zum ersten Mal eine Regenzeit. Und dies in einem nicht wasserdichten Jeep. Total durchnässt wurde ich von Helfern durch den indischen Zoll geschleust und befand mich nun auf einer breiten Strasse, links und rechts viele Rikschas. Als ich etwas verloren um mich blickte und einen Mitpassagier fragte, wie es weitergehen würde, gab er mir zu verstehen, dass ich eine Riksha nehmen müsse, um zum bengalischen Zoll zu gelangen. Ebenfalls nass bis auf die Haut trat wenige Zeit später ein Rikschafahrer kräftig in die Pedale und brachte mich über die Grenze. Wo genau diese sich jedoch befand, konnte ich nicht ausmachen, denn zwischen den beiden Zöllen lag ein kilometerlanges Niemandsland.

Der bengalische Zoll stand dem indischen in Sachen Beamtentum in nichts nach. Als ich nach vier Stunden endlich den Einreisestempel im Pass hatte, da glaubte ich von der Warterei erlöst zu sein. Aber – oh Schreck – nun fand ich unseren Jeep nicht mehr. Zudem hatte ich in der jetzigen Situation, in welcher mir kein Dolmetscher zur Seite stand, auch ein grosses Problem mit der Verständigung. Doch endlich kapierte ich, dass unser Fahrzeug in Indien bleiben musste und die Grenze nicht passieren durfte und ich nun mit einem bengalischen Fahrzeug weiterzureisen hatte.

Dann entdeckte ich in einem zerbeulten und zerkratzten Reisebus der Gesellschaft Nabil plötzlich einige mir bekannte Gesichter. Ich stieg ein und weiter ging es auf bengalischem Boden. Nach weiteren Stunden erreichten wir den Padma[36], einen der bengalischen Flüsse, dessen Dimension meine Vorstellungskraft sprengte. Das gegenüberliegende Ufer war in weiter Ferne und kaum auszumachen. Einem riesigen See gleichend, wälzten sich die gelbbraunen Wassermassen unter Tausenden von kleinen Wirbeln unaufhaltsam dem bengalischen Golf zu.

Nun wurden wir auf eine der berühmt-berüchtigten bengalischen Fähren verladen. Ich wäre am liebsten wieder umgekehrt. Immer wieder liest man ja von Fährunglücken in Bangladesch und dass viele Passagiere dabei ertrinken. Als ich sah, dass im Unterdeck die Fenster wie bei einem Gefängnis vergittert waren, zog ich es vor, doch lieber oben in unserem Bus zu bleiben. Die anschliessende Weiterfahrt mit einem verrückten Buschauffeur war nicht ungefährlicher. Ein echter Horrortrip für einen Europäer. Mit Vollgas und unter dauerndem Gebrauch der Hupe wurde in jeder noch so unübersichtlichen Situa-

---

36 Einer der Hauptzuflüsse ist der Ganges

tion auf den regennassen Strassen überholt, als wäre der Leibhaftige hinter uns her. Doch plötzlich hielt der Bus auf freier Strecke an, der Fahrer stieg aus und verschwand hinter ein paar Stauden. Ich dachte, dass er wohl austreten musste. Als er nach einer Viertelstunde immer noch nicht wieder aufgetaucht war, schaute ich meinen Sitznachbarn fragend an. Der lächelte nur und sagte: «Heute ist Freitag, Zeit fürs Freitagsgebet.»

Eine bengalische Fähre in der Regenzeit

Am nächsten Tag erreichte ich das Krankenhaus von Dr. Negrini in der Ortschaft Nilphamari. Leider konnte ich mich vorher nicht anmelden – die Telefonnummer war ungültig. Überrascht, aber herzlich und mit offenen Armen wurde ich empfangen. Den Aufenthalt dort werde ich wohl nie mehr vergessen, denn es war das

Unterwegs mit der Rikscha

erste Mal, dass ich einer Operation beiwohnen durfte. Es waren nicht nur Lepra-kranke, die dort behandelt wurden. Das gut eingespielte Ärzteteam verschiedenster Nationalitäten und Religionen unter seiner Leitung war eine grosse Hoffnung auch für Patienten mit vielen anderen Gebrechen, Beschwerden und Krankheiten. Ich bewunderte die Hingabe, mit welcher das Personal die Leidenden behandelte, und bestaunte auch die Disziplin und die Sauberkeit, die im ganzen Spital herrschten. War es wirklich ein Zufall, dass gerade in diesem Spital in der hauseigenen Werk-statt Arm- und Beinprothesen hergestellt wurden? Wohl kaum, denn ein paar Jahre später sollte ich dieses Krankenhaus wieder aufsuchen, weil wir eine Prothese für einen Lehrling brauchten.

Nach einer Woche fuhr ich wieder nach Dhaka zurück und musste dort mitan-sehen, wie mitten in der Stadt auf offener Strasse Rinder geschlachtet, respektive geschächtet und diese an Ort und Stelle zerlegt wurden. Verwandte und Kinder

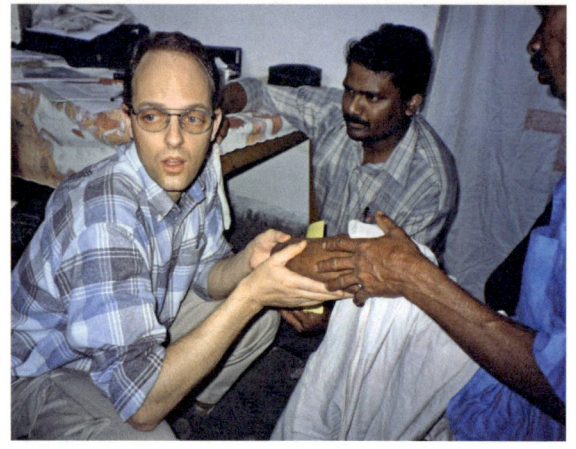
Dr. Negrini bei einem Lepra-Patienten

Krankenschwestern in ihren schönen Saris

von armen Familien durften sich die noch dampfenden Fleischstücke auf den Teller legen lassen, den sie danach stolz nach Hause trugen. Ich hatte damals noch keine Ahnung von dem Fest des Fastenbrechens. Dieser religiöse Brauch war nun zu viel für mich und ich verliess fluchtartig Bangladesch wieder in Richtung Kalkutta.

Dort telefonierte ich mit meiner Frau und sagte zu ihr: «Bangladesch hat sich in den vergangenen 30 Jahren überhaupt nicht entwickelt, ausser dass die Bevölkerung auf fast das Doppelte angewachsen ist. Zudem ist das ganze Chaos nur noch grösser geworden.

«Nach Bangladesch werde ich nie mehr reisen!», rief ich ins Telefon. Doch es sollte alles ganz anders kommen.

Pensionierung, erste Kontakte mit Shanti e. V. in Deutschland

Meinen ersten Arbeitstag im Elektrizitätswerk in Buchs habe ich noch in lebhafter Erinnerung. Es war 1960, der erste Dienstag nach Ostern, als mir der Magaziner das blaue «Übergwändli» und eine Werkzeugtasche mit Elektrikerwandwerkzeug überreichte. «So, nun bist du unser Erstjahresstift», sagte er daraufhin zu mir.

Wie schnell doch die Zeit vergeht! 44 Jahre später wurde ich von der gleichen Firma, die mich als Lehrling eingestellt hatte, in den Ruhestand entlassen. Für jeden Menschen ist die Pensionierung ein neuer Lebensabschnitt. Die einen haben ihre Zeit danach bereits verplant, andere wollen die neugewonnene Freiheit geniessen. Die damaligen Eindrücke einer anderen Welt, einer Welt der Armen, liessen mich, seit ich erstmals dieses Leid sah, nie mehr los. Während der vielen Berufsjahre dachte ich immer wieder zurück an meine ersten Begegnungen inmitten all dieser Armut. In Absprache mit meiner Frau habe ich die Frühpension gewählt. Damit rückte die Realisierung, mich für die Armen einzusetzen, in greifbare Nähe.

Wir waren damals drei rüstige und über viele Jahre hinweg erfahrene Berufsleute, die fast gleichzeitig in den Ruhestand eintraten: ein Lehrer, ein technischer Kaufmann und ich. Da Pensionäre heute jeweils noch bei guter Gesundheit sind, waren wir der Ansicht, dass Fachleute wie unsereins in Hilfsorganisationen gesucht waren. Wir schrieben ganze fünfzehn Gesellschaften wie beispielsweise die Caritas, World Vision, DEZA oder auch Swissaid an: «Haben Sie Bedarf an Pensionierten mit Auslanderfahrung? Als Freiwillige wären wir dazu bereit, auf jegliche Gehaltsansprüche zu verzichten.» Trotz unserem grosszügigen Entgegenkommen haben uns nur drei Organisationen zu einem Gespräch eingeladen. Und alle drei reagierten negativ. Es gäbe bei einem Einsatz Versicherungsprobleme. Zudem bestehe die Gefahr, dass wir den Einheimischen die Arbeit wegnehmen würden. Und überhaupt sei das Risiko aus Altersgründen ganz allgemein zu gross. Niemand wollte uns. Es war fast zum Verzweifeln.

Klaus Beurle

ZERRISSENE SEGEL

Die
Herausforderung
Bangladesh

Fotos: Helmut Hermann

Das Buch von Klaus Beurle, das mir in
Dornbirn aufgefallen ist.

Nun versuchte ich es beim Seniorencorps von Swisscontact und bewarb mich dort als Elektriker. Sie setzten mich auf eine Warteliste. Kaum zu glauben, aber auf der ganzen Welt wurde während der zweijährigen Vereinbarung scheinbar kein einziger Elektriker für einen freiwilligen Einsatz gesucht. Ich bat Swisscontact, mich wieder von der Liste zu streichen. Resigniert sagte ich zu meiner Frau: «Es war wohl ein Fehler, dass ich mich frühpensionieren liess. Niemand will uns Freiwillige.» Sie aber meinte nur: «Geh doch für ein paar Wochen nach Indien. Du wolltest doch immer schon etwas Hindi lernen. Dort kannst du einen Hindi-Sprachkurs besuchen, vielleicht bist du später einmal froh darüber. So wird für dich das Leben als Pensionär auch wieder interessanter.»

In der Zwischenzeit hatten wir vermehrt Zeit füreinander, beispielsweise im Messepark in Dornbirn zu bummeln. Doch die Interessen von Männlein und Weiblein sind in solchen Einkaufszentren meist verschieden. Kleiderläden haben auf Frauen ganz allgemein die grössere Anziehungskraft als auf Männer. Umgekehrt wusste meine Frau immer, wo sie mich suchen musste, nämlich in der Buchhandlung «DAS BUCH.» Dort stach mir zufällig ein Taschenbuch in die Augen, auf dessen Titelseite ein Fischerboot mit zerrissenen Segeln abgebildet war. Das kann nur Bangladesch sein, dachte ich mir, denn auf dem Buriganga[37] hatte ich seinerzeit ebenfalls solche Boote fotografiert. Ich kaufte es, ohne lange zu überlegen. Der Autor Klaus Beurle

---

37 Achtzehn Kilometer langer und bis zu acht Meter tiefer, stark verschmutzter Fluss am südlichen Rand von Dhaka

lebte selbst viele Jahre in Bangladesch und beschrieb unter dem Titel «Zerrissene Segel» dessen Armut und Probleme. Im Buch fand ich eine Adresse und eine Telefonnummer von dem Verein «Shanti e. V.» in Deutschland, der sich in diesem Land für die Armen einsetzt.

Auf dieser Nummer rief ich den Präsidenten an und wurde von ihm an eine Versammlung nach Freudental in der Nähe von Stuttgart eingeladen. Meine Frau und ich fuhren hin. Wir waren neugierig auf die Aktivitäten dieses Vereins. Was wir zu hören bekamen, überzeugte uns vollends. «Shanti macht genau das Richtige», sagte ich zu meiner Frau, «nämlich Bildung.» Und so schrieben wir uns nach diesem Treffen als Mitglieder ein. Von nun an unterstützten wir Projekte, die durch diesen Verein in Bangladesch initiiert wurden. Bei einem weiteren Treffen schlug ich vor, bei uns in der Schweiz einen Zweigverein mit Namen *Shanti-Schweiz* zu gründen, um in unse-

rer Währung Geld zu sammeln. Das Vorhaben wurde begrüsst. Als ich später an einer Vorstandssitzung den Vorschlag einbrachte, ein neues Projekt, nämlich eine Elektrikerausbildung, zu begründen, stiess ich ebenfalls auf offene Ohren.

Ein Dia, das ich auf dem Buriganga im Februar 1972 aufgenommen habe.

Das erste Mal bei der Organisation Dipshika

Während meiner vielen Reisen durch Indien war ich natürlich auch wieder mal in Kalkutta. Von dort aus rief ich eines Tages dann Ioannis an, einen Freiwilligen aus Deutschland, der in Bangladesch Dienst tat. Dieser sagte am Telefon mit hocherfreuter Stimme: «Komm doch zu mir, du kannst bei Dipshikha wohnen, das ist eine bengalische Hilfsorganisation.» Und so stieg ich also bereits wenige Tage später in einen Bus Richtung Dhaka.

Die Reise mit dem Busunternehmen Green-Line war angenehmer und besser organisiert als die letzte mit einem Jeep und die Grenzkontrollen hatte ich auch schneller hinter mir. Nach fünfzehn Stunden Fahrt stieg ich mitten in Dhaka, der Hauptstadt von Bangladesch, bei einer Tankstelle aus. Ich wusste nicht, wo ich mich befand. Folglich bat ich den Tankwart um eine Benachrichtigung an Ioannis. Eine halbe Stunde später wurde ich abgeholt und in einem hohen Gebäude in ein komfortables Zimmer einquartiert. In diesem waren zwei NGOs[38] untergebracht. Zum einen war da Dipshikha[39], Besitzer des Hauses, und als Untermieter war dort Tarango, eine Organisation, die sich für Frauenrechte einsetzte.

Ioannis hatte für mich bereits einen Lehrer organisiert, damit ich ein wenig die bengalische Sprache erlernen konnte. Swee Mia, so sein Name, war ein sehr intelligenter Mann und musste aus seiner Heimat Burma, dem heutigen Myanmar, fliehen. Danach lebte er in Kalkutta unter erbärmlichsten Umständen. Er schlief unter dem Bett seines Kameraden und schlug sich mit Übersetzungsarbeiten durch. Als der Krieg zwischen West- und Ostpakistan vorbei war, liess er sich im Süden von Bangladesch nieder, wie viele andere seiner Landsleute auch, die nicht mehr in ihre Heimat zurückkehren durften. An die Demokratisierung in seinem Land konnte er nicht recht glauben und sah sogar die heutigen Probleme mit der Militärdiktatur voraus, die zu einem der grössten Flüchtlingsprobleme in der Geschichte von Bangladesch führen sollte.

---

38 NGO = Non-Governmental Organization, deutsch: Nichtregierungsorganisation.
39 Dipshikha ist ein bengalisches Wort und bedeutet «Lichtfunke».

Ioannis

Swee Miah, mein Bangla-Lehrer

Swee Mia wollte Mönch werden und als wir zusammen mit Ioannes eine Reise in den Süden unternahmen, schleppte er uns von einem Buddhisten-Tempel zum andern. Irgendwann hatte ich genug und rebellierte. Nach seiner Weihung würde er seine Familie verlassen und danach auf einer kleinen vorgelagerten Insel eine Schule für die Jugend seiner Landsleute eröffnen. Einen Namen hatte er sich auch schon ausgedacht, nämlich *One Room School,* also «Ein-Raum-Schule.» Ich gab ihm einen grossen Betrag als Startkapital bar auf die Hand. Doch das war ein Fehler, wie sich später herausstellen sollte.

Ein Jahr darauf reiste ich nochmals in den Süden, diesmal mit der Bahn nach Chittagong und danach weiter mit einem Bus nach Cox-Bazar. In Bangladesch werden die Busverbindungen privat betrieben und stehen in hartem Konkurrenzkampf miteinander. Dementsprechend aggressiv zeigen sich jeweils auch die Busbegleiter. Als ich sah, wie mein Koffer in einem, der Rucksack jedoch in einem anderen Bus verschwand, forderte ich das Gepäck zurück und steuerte auf ein drittes Unternehmen zu.

Mit viel Glück fand ich endlich «seine» Insel. Er freute sich riesig über meinen Besuch und zeigte mir stolz seine Schule, die tatsächlich nur aus einem mit Bambus bedeckten und umzäunten Raum bestand. Äusserst einfach war auch seine Unterkunft, nach unseren Begriffen ein besserer Hühnerstall. Auf das Überreichen des doch recht hohen Startkapitals ein Jahr zuvor hätte ich gut verzichten können. Keine Ahnung, was er mit diesem Geld gemacht hat, jedenfalls wurde es kaum zweckgebunden eingesetzt. Eine derartige Leichtgläubigkeit sollte mir künftig nicht mehr passieren.

Im Dorf fielen mir sofort die hellhäutigen Leute auf, Nachkommen der Flüchtlinge aus Myanmar. Auch den Baustil der Häuser findet man sonst nirgends in Bangladesch. Wohnräume samt Küche thronen auf hohen senkrechten Betonpfählen. So konnte ein allfälliges Hochwasser keinen Schaden anrichten. Das Untergeschoss diente als Materiallager sowie als Hühner- und Ziegenstall. Swee Mia hiess mich vor einem Haus hinsetzen. Ich sah mich ein wenig um, als bereits zwei zierliche Frauen das Mittagsessen brachten. Ich fragte ihn, ob wir überhaupt eingeladen seien. Er lachte nur und meinte: «Nein, das ist hier nicht üblich. Gäste sind in unserer Kultur immer und jederzeit willkommen.» So durften wir also die Küche von Myanmar geniessen. Und diese war ausgezeichnet! Kaum waren wir gesättigt, stand er auf und sagte: «Wir müssen jetzt weiter.» «Aber zuerst wollen wir uns doch sicher noch bedanken und verabschieden», sagte ich. Er erwiderte abermals lachend: «Auch das ist bei uns nicht üblich.»

Auf dem Rückweg nach Dhaka passierte bei einer Anlaufstelle, wo die Fähren anlegten, ein aussergewöhnlicher Vorfall, unter welchem ich heute noch leide. Eine ganze Kolonne von Fahrzeugen wartete, um auf die Fähre zu gelangen. Ich musste austreten. Anschliessend schlenderte ich einer Kolonne entlang zurück zu unserem Bus. Plötzlich erhielt ich einen heftigen Schlag auf meinen Kopf. Sogleich verlor ich das Bewusstsein und sank zu Boden. Als ich wenige Minuten später wieder zu mir kam, befand ich mich bereits auf meinem Platz. Offenbar hatten mich einige starke Männer in den Bus getragen. Andere Passagiere bemühten sich um mich. Meine Hose und mein Hemd waren völlig verschmiert und alles stank fürchterlich nach Fisch. Man klärte mich auf, dass auf dem Dach des einen Busses Arbeiter dabei gewesen waren, einen 80 kg schweren Jutesack mit Fischen festzumachen. Doch dieser war ihnen entglitten und auf meinem Kopf und meinem Genick gelandet. Die Nähte waren gerissen und ich hatten, von Fischen umgeben, auf dem Boden gelegen. Im Laufe der nachfolgenden Tage hatte ich unsägliche Schmerzen, ganz besonders an den schon früher havarierten Halswirbeln. Die Schmerzen sind nach diesem Ereignis nie mehr ganz verschwunden.

Für die weitere Rückreise wählten wir auf dem Buriganga den Wasserweg. In einem Linienschiff konnte ich mich in einer Kajüte von den Schmerzen etwas erholen. Und auch in den folgenden zwei Tagen war für mich in Dhaka Ruhe angesagt.

Eines Tages stellte Ioannes mich Paul Tigga vor, dem Direktor von Dipshikha. Er war ein sehr intelligenter und visionärer Mann. Bei diesem Treffen fragte ich ihn, warum seine Organisation keine Elektriker ausbilden würde. Er meinte, dass dies schon lange in Planung sei, er bis jetzt aber noch niemanden gefunden habe, der ein solches Projekt in Angriff hätte nehmen können. Auf meine Bemerkung, dass ich pensioniert sei und dazu durchaus Hand als Freiwilliger bieten könnte, reagierte er skeptisch. Offenbar hatte er nicht die besten Erfahrungen mit solchen Versprechungen gemacht. Über die laue Reaktion war ich schon etwas enttäuscht.

Paul Tigga, der damalige Direktor von Dipshikha

In Jahids Heimatdorf Paturia

Jahid hingegen, der Buchalter von Dipshikha, war begeistert von dem Angebot und lud mich ein, ihn übers Wochenende in sein Heimatdorf Paturia zu begleiten. In seiner Freizeit hatte er eigenständig eine Volksschule gegründet, in der Kinder bis zur neunten Klasse unterrichtet wurden.

«Und was machen die Schulabgänger nach der Ausbildung?», fragte ich ihn. «Studenten aus reicheren Familien können weiterstudieren», erklärte er mir. Die anderen würden irgendwelchen Gelegenheitsjobs nachgehen. So sei dies nun mal, denn eine Möglichkeit für eine Berufsausbildung gebe es hier nicht. «Aber dann fehlt doch gerade das Bindeglied, eine weiterführende Schulung zum Berufsmann», erwiderte ich. «Ja, da hast du recht», meinte er in resigniertem Ton, «aber Berufe wie bei euch können bei uns in Bangladesch nicht erlernt werden.»

Jahid war sehr arm aufgewachsen. Sein Dorf war erst 2016 an das Stromnetz angeschlossen worden. Zudem ist

Jahid, der Buchhalter, der mich überredete zu bleiben

Paturia kann nur über einen Fluss erreicht werden

es selbst heute noch nur über eine Fähre erreichbar. Das Grundwasser wird in Paturia mit Schwengelpumpen an die Oberfläche geholt und dient als Trink- und Brauchwasser. Vor der Regenzeit ist der Grundwasserspiegel jeweils dermassen tief, dass diese Pumpbrunnen nichts mehr hergeben.

Im Dorf Paturia

Übernachten durfte ich in seinem Schlafzimmer, das eher einem Holzverschlag glich. Er hatte in diesem schlichten Raum in seiner Jugendzeit jeweils auch die Hausaufgaben machen müssen. Nun, wenn man müde genug ist, lässt es sich auch auf einem harten Bett gut schlafen. Auch in dieser Gegend machte ich erneut Bekanntschaft mit den sehr scheuen Kakerlaken, die, sobald ich mich bewegte, erschreckt über meine Wolldecke um ihr Leben rannten. Aber auch daran kann man sich gewöhnen.

Das Klo war eine Blechhütte im Hinterhof mit einer asiatischen Toilette, so wie ich sie in den indischen Eisenbahnwaggons angetroffen hatte. Eines Nachts rebellierte mein Bauch, weil er die scharfen bengalischen Gewürze nicht gewohnt war. Um Mitternacht musste ich deshalb dieses stille Örtchen aufsuchen. Es war stockdunkel. Nur vereinzelt zuckende Blitze eines nahenden Gewitters erhellten mir den schmalen Pfad. Kaum war ich in dieser Blechbehausung, da öffnete der Himmel seine Schleusen und ein wolkenbruchartiger Platzregen ging nieder und trommelte mit einem infernalischen Lärm auf das Blechdach. Es war beileibe nicht der schönste und auch kein besonders wohlriechender

Besagte Latrine

Ort, um das Ende des Gewitters abzuwarten. Doch mir blieb nichts anderes übrig. Als der Regen in ein gleichmässig monotonisches Rauschen überging, wagte ich mich nach draussen und hastete zurück in mein Schlafgemach. Später beim Morgenessen lachten alle Anwesenden und fragten mich, ob ich nun wieder trocken sei. Nun war mir klar, dass ich rund um die Uhr beobachtet wurde.

Nachmittags sagte Jahid zu mir: «Komm mit, wir gehen zum Wochenmarkt.» Um dorthin zu gelangen, mussten wir einen breiten Fluss überqueren. Nur das Plätschern des Wassers war zu hören. Kein Tuckern eines Bootsmotors störte die Ruhe, denn unser Boot wurde von Hand an einem Seil ans nächste Ufer gezogen. Bezahlt wurde der kräftige Bootsmann in Naturalien wie Reis oder Salz.

Auf dem Marktplatz angekommen, staunte ich über die vielen Verkaufsstände, die auf beiden Seiten der Strasse angeordnet waren. Alle möglichen Artikel und Gegenstände wurden hier feilgeboten. Einzelne Krämer priesen Taschenlampen, Batterien und ihren Sari-Stoff an. Apotheken hatten für alle Beschwerden Salben oder Tabletten auf Lager. Friseurgeschäfte verlangten für einen flotten Haarschnitt samt Nackenmassage umgerechnet nur einen Franken und auf einzelnen Lehmöfen brutzelten, ins Öl getaucht, feine Spezialitäten. Da offenbarte sich vor meinen Augen ein quirliges und farbenfrohes Kunterbunt. Aus allen Himmelsrichtungen kamen Männer mit ihren schweren Velos angeradelt. Der Markt bot ganz besonders für das männliche Geschlecht eines der wenigen Vergnügen, bei dem sie sich untereinander austauschen konnten – nämlich das Paan-Kauen[40]. Dieses fördert den Speichelfluss und färbt den Gaumen und das Zahnfleisch rot sowie die Zähne schwarz.

Als einer, der schon aufgrund seines Berufs zeitlebens immer mit der Elektrizität zu tun hatte, fiel mit sofort auf, dass alles hell erleuchtet war. Ein besonders geschäftstüchtiger Ladenbesitzer hatte sich rechtzeitig einen grossen Dieselgenerator angeschafft, um den selbstproduzierten Strom auf dem ganzen Marktplatz zu verkaufen.

In der Apotheke wiederum hatte der Ladenbesitzer für mich bereits einen Stuhl hinter seiner Theke reserviert. Ich hatte mich kaum hingesetzt, als mir schon der obligate Tee serviert wurde. Nun bemerkte ich, dass immer mehr Leute, alte und junge, sich um die Ladentheke scharten. Auf meine Frage an Jahid, ob denn all diese Leute Kopfwehtabletten oder sonst was beim Apotheker kaufen wollten, lachte er nur und sagte: «Nein, mein lieber Freund, die kommen alle wegen dir.» Und wirklich: Es kamen immer mehr und der Halbkreis um mich herum wurde immer grösser. Alle starrten mich wortlos an und ich wähnte mich schon fast wie im Zoo, nur mit umgekehrten Vorzeichen. Als ich dann vernahm, dass noch nie ein Weisser und schon gar nicht ein Schweizer diese Gegend besucht hatte, da verstand ich, weshalb alle furchtbar neugierig waren. Der Bann löste sich erst, als ein junger Student den Mut fasste, mir auf Englisch einige Fragen zu stellen. Nun wollten alle ihre Englischkenntnisse an den Mann bringen. Zuerst wurde ich über meine Familie und über meinen Beruf ausgefragt, bis das Thema erschöpft war. Dann wollte einer von mir wissen, ob denn alle Schweizer in einer Bank angestellt seien und ob wir die ganze Zeit jodeln würden, er

---

40 Paan ist ein mildes Rauschmittel, bestehend aus Betelnuss, einer Paste aus Kalk und verschiedenen Gewürzen, eingewickelt in Betelblätter. Es wird in Indien und Südostasien von vielen Menschen gerne gekaut.

hätte das im Fernsehen gesehen. Ein anderer wiederum fragte nach meinem Verdienst und machte die Bemerkung, ich sei doch sicher reich. «Aber warum sollte ich reich sein?», wollte ich von ihm wissen. «Weil du mit einem Flugzeug nach Bangladesch gekommen bist. So etwas können sich nur reiche Leute leisten», gab er zurück. Ja, das ist auch eine Art Logik, und ich konnte ihm auf dieses Argument hin auch nichts erwidern. Aber ich stellte der Runde dafür eine Gegenfrage: «Weiss jemand von euch, wo die Schweiz liegt?» Die Antworten waren vielfältig. Wie Neuseeland, Argentinien und Grönland – da war alles dabei. Aber dass Deutschland in Europa liegt, dass wussten sie. Und als ich erwähnte, dass wir Nachbarn sind, ging ein Staunen durch die Runde. So bedeutend sind wir doch wieder nicht, dachte ich mir. Es kam mir wie eine Erlösung vor, als genug gefragt war und der Haufen sich auflöste.

Zurück in Dhaka teilte ich Jahid mit, dass ich es mir anders überlegt hätte und ich mich in Kalkutta für die Armen einsetzen wollte. Er bedauerte meinen Sinneswandel sehr und versuchte, mich doch noch zu überzeugen, eine Elektrikerschule bei Dipshikha aufzubauen.

Dann lud mich Paul Tigga zu einer Sitzung ein. Offensichtlich hatte er sich mein Angebot nochmals überlegt und bereits ein Team mit drei langjährigen Mitarbeitern gebildet, um mein Vorhaben zu unterstützen. Sein schnelles Vorgehen überraschte mich völlig, aber verunsichert mich auch und ich bat um eine Bedenkzeit. Mein Visum war zudem bald abgelaufen und es war Zeit, ans Heimkehren zu denken.

Gründung des Vereins Shanti-Schweiz

Zuhause angekommen erzählte ich meine abenteuerlichen Erlebnisse dann meiner Frau Marty und dabei äusserte ich meine Zweifel an der Gründung einer Elektrikerschule. Sie aber meinte: «Mach das nur, du wirst es schaffen. Ich werde dich auf alle Fälle unterstützen.» «Aber ohne Verein dürfen wir kein Geld sammeln», entgegnete ich. «Dann gründen wir halt einen solchen», war ihre kurze Antwort. Und so luden wir in der Folge Freunde und Bekannte zu einer Gründungsversammlung auf den 29. Oktober 2005 ein. Der Einladung folgten fünfzehn Personen, die sich allesamt dann auch als Mitglieder einschrieben. Als Zweigverein von Shanti in Deutschland nannten wir uns, wie früher vorgeschlagen, *Shanti-Schweiz*. Wir waren uns von Anfang an einig, dass der Verein möglichst schlank und unkompliziert aufgebaut werden sollte

und dass es dazu Statuten brauchte. Ein erster Entwurf konnte nach einigen Diskussionen verabschiedet werden.

Vereinsgründung im Buchserhof in Buchs am 10. November 2005

«Aber was wollen wir eigentlich mit Shanti-Schweiz genau unterstützen?» Diese berechtigte Frage aus der Runde brachte mich fast in Verlegenheit, denn ich hatte noch nichts Handfestes vorzuweisen. «Grundsätzlich möchten wir die Armen, wenn möglich auch die Adivasi, mit Bildung unterstützen», erklärte ich meine Vision. Das Ziel wäre eine Berufsausbildung, wenn möglich in Form einer Schule für Elektriker. Diese könnte auch bei den Adivasi in Indien zu stehen kommen. In Bangladesch sei es nicht möglich, selbst eine Hilfsorganisation zu gründen, da der Staat dies nicht zulasse. «Wir könnten nur innerhalb der bereits bestehenden bengalischen Hilfsorganisation Dipshikha ein Projekt gründen. Finanziell schaffen wir es jedoch nicht alleine und wir sind deshalb vorerst auch auf die Hilfe vom Verein Shanti in Deutschland angewiesen. Im Gegenzug werden wir deshalb mit den ersten Spenden, die bei uns eintreffen, die Projekte von Shanti in Deutschland unterstützen. «Aber wie wollen wir Spenden sammeln, wenn wir noch nichts vorzuweisen haben?» Dieser Einwand verunsicherte mich abermals.

Die Ziele, die wir uns mit den Statuten gesetzt hatten, wurden trotz anfänglicher Schwierigkeiten erreicht. Unser Verein ist inzwischen in der ganzen Schweiz bei den Steuerbehörden anerkannt und die Spenden dürfen somit bei der Steuerrechnung in Abzug gebracht werden. Gerne verweise ich an dieser Stelle auch auf unsere schöngestaltete Website (www.shanti-schweiz.ch). Dort kann man sich über beide Schulen in Form von Videos, Bildern sowie zahlreichen Berichten über unsere Arbeit informieren.

Vorbereitungsarbeiten zur Schulgründung

Einige Monate später reiste ich wieder nach Bangladesch. Im Rucksack hatte ich einen ganzen Katalog mit Fragen an Dipshikha. Nun war also ihr Team gefordert. Meine erste Frage war, wo genau denn die Schule zu stehen kommen sollte. Da eine gute Infrastruktur von Vorteil war, dachte ich an Dhaka. Doch da irrte ich mich: «Nein, nicht in der Hauptstadt, sondern in Rudrapur, einem kleinen Dorf im Nordwesten von Bangladesch», wurde ich von Jahid belehrt. «Wir von Dipshikha haben dort Grund und Boden mit ein paar Gebäuden aus der Gründerzeit von 1978. Gegenwärtig laufen dort verschiedene landwirtschaftliche Projekte. Und es gibt auch eine METI-Schule[41], die vom Kindergarten bis zur neunten Klasse alles abdeckt. Leider liegt Rudrapur abseits der grösseren Ortschaften», erklärte er weiter mit einem leichten Seufzer, fast so, als würde er meine Bedenken bereits voraussehen. «Nun, wir werden nächste Woche dorthin fahren. Du wirst dann auch den Aeriamanager kennenlernen, der für dein Projekt verantwortlich sein wird. Die Schule kann in renovationsbedürftigen Gebäuden starten, denen wir früher den Namen *Trainingscenter* gaben.»

Meine Frage, in welcher Firma die Studenten denn eine Lehre absolvieren könnten, verstand niemand. Erst im Nachhinein erfuhr ich, dass es in Rudrapur weit und breit keine Firmen gab und dass ohnehin kein Betrieb Lehrlinge aufnehmen würde. Unser duales Ausbildungssystem[42] sei in Bangladesch völlig unbekannt. Lehrer zu finden sei jedoch kein Problem. Die Stelle würde in verschiedenen Zeitungen ausgeschrieben. Weiter würden Jugendliche durch Flugblätter in verschiedenen Dörfern angeworben. Weil die Schule noch gar nicht existiere und weil die Ausbildung zum Elektriker zwei Jahre dauern sollte, würden wir kaum eine Klasse füllen können.

Ich dachte, mit fünfzehn Lehrlingen zu starten, sie aber sprachen von zwanzig. Fachbücher, Schulmaterial, Elektromaterial, Messinstrumente und dergleichen seien in Old-Dhaka zu kaufen. Alles sei kein Problem. Das Ausbildungsprogramm und den Stun-

---

41 METI = Modern Education Training Institute, eine Schule von der ersten bis zur neunten Klasse
42 Ein in die Ausbildung in Betrieb und Berufsschule gegliedertes System der beruflichen Bildung

denplan müsse ich jedoch mit dem Lehrer selbst zusammenstellen. Die Finanzierung für den ersten Kurs sei aber bereits schon gesichert. Shanti Deutschland würde die Bearbeitung des Kostenvoranschlags übernehmen und sobald die Bewilligung aus Deutschland eintreffe, würde man im nächsten Jahr starten können. Also alles «*no Problem.*»

Der Druck um meine Brust löste sich. Nun wollte ich endlich die Örtlichkeiten kennenlernen. Bei meiner ersten Busfahrt vor Jahren glaubte ich, einen halb gestörten Fahrer erwischt zu haben. Aber nun musste ich feststellen, dass hier alle die gleiche verrückte Fahrweise hatten. Die zehnstündige Fahrt, etwa dreihundert Kilometer über schlechte Strassen, dauerte für mich eine halbe Ewigkeit. Als wir eintrafen, war es bereits dunkel. Müde legten wir uns zu Bett. Am darauffolgenden Morgen wagte ich einen Spaziergang entlang der Dorfstrasse. Diese glich aber eher einem aufgeschütteten Lehmdamm als einer Strasse. Auf beiden Seiten wurde sie durch fensterlose Lehmhütten mit Strohdächern gesäumt. Die Frauen waren mit Kochen und Waschen beschäftigt, während die Männer die Kühe und die Ziegen auf die Felder trieben.

Dilip, Jakob, Mahbub und Jahid 2005 in Dhaka

Eine Schar Kinder versammelte sich hinter mir. Sie lachten und riefen: «Bideschi, Bideschi!» Jetzt hatte ich wirklich das Gefühl, irgendwo im Busch gelandet zu sein. Beim Morgenessen fragte ich dann in die Runde, was denn genau *Bideschi* heisse. «Warum fragst du? Haben etwa die Kinder dir das nachgerufen?» Das Wort bedeute *fremd, Fremder* oder auch *Ausländer.* Eigentlich logisch, denn ich war ja unverkennbar ein Bleichgesicht, eben ein Ausländer.

Nach dem Morgenessen durfte ich das schöne, aus Stroh-Lehm neuerbaute METI-Schulhaus von Anna Heringer[43] bewundern. In dieser Schule werden Kinder und Jugendliche in neun Schulklassen mit

---

43 Eine bekannte Kunstarchitektin, siehe auch unter Wikipedia

über 300 Schülern unterrichtet. Anschliessend wurde ich durch die Büroräumlichkeiten geführt und den Mitarbeitern vorgestellt. Den Schulleiter Prodip würde ich später kennenlernen. Er weile für ein paar Tage in Dinajpur, einer Provinzhauptstadt mit rund 250'000 Einwohnern, um dort die Semesterarbeiten der Studenten auszuwerten. Dipshikha besitzt dort im Stadtteil Suhari ein Regionalbüro.

Gebäude in Rudrapur

Als ich die zahlreichen Computer, Drucker und Kopiergeräte sah, fragte ich, warum er diese Arbeit nicht hier verrichten würde. «Weil bei uns der elektrische Strom bloss während zwei Stunden täglich vorhanden ist – und dies meistens auch nur nachts.»

Nun war ich auf das Trainingscenter gespannt. Ein schmaler Lehmpfad schlängelte sich zwischen herrlich grünen Reisfeldern hin bis zu den besagten Gebäuden. In der Regenzeit ist der Lehm so glitschig wie bei uns das Glatteis im Winter und jeder Schritt erfordert viel Vorsicht, damit man nicht ausrutscht. Endlich dort angekommen, erschrak ich zutiefst. «Und das soll in Zukunft unsere Schule werden?», fragte ich voller Entrüstung. «Das hier ist bestenfalls ein Abbruchobjekt, das kaum mehr renoviert werden kann», entfuhr es mir. Überall hingen die Decken herunter, das Blechdach war grösstenteils verrostet und zerfetzt und in einer Ecke in einem länglichen Raum gackerten einige Hühner. Dementsprechend penetrant war denn auch der Gestank innerhalb dieser vier Wände. Als sie mir sagten, dass dieser ‹Hühnerstall› als zukünftiger Essraum vorgesehen sei, verschlug es mir fast die Sprache. Nein, das durfte so nicht sein. «Ich bin sehr enttäuscht», sagte ich. «Und überhaupt sind wir hier, schon beinahe im Busch draussen, weit entfernt von der Hauptstadt. Das wird für mich jedes Mal eine beschwerliche Reise sein. Ich werde mir die ganze Sache nochmals gründlich überlegen und euch Bescheid geben», äusserte ich mich enttäuscht. «Ja, denk darüber nach, aber in einem Jahr könnten wir starten.»

In der nächsten Nacht schlief ich schlecht. Der Grund war nicht nur der Muezzin, der über riesige Lautsprecher frühmorgens zum Gebet aufrief, sondern es waren die Zweifel an der Machbarkeit des Projektes. Ich sah nur noch eine Wand vor mir und fragte mich, wie wohl die Renovation finanziert werden sollte. Würden wir zudem auch die geeigneten Lehrer finden? Und wie sollte das Unterrichtsprogramm aussehen? Fragen über Fragen liessen mir erneut an der Verwirklichung einer Elektrikerschule zweifeln. In Bangladesch gibt es über 70′000 Dörfer. Davon waren damals rund 50′000 nicht an das Stromnetz angeschlossen. Kritische Stimmen prophezeiten mir, dass die Lehrlinge keine Arbeit als Elektriker finden würden, denn ohne einen Stromanschluss bräuchten die Familien weder Elektroinstallationen, Lampen noch Elektroapparate. Diese Argumentation gegen das geplante Projekt schien auch für mich logisch. Und überhaupt: Was bedeutete denn schon eine Ausbildung von gerade mal zwanzig Studenten in einem Land wie Bangladesch mit seinen über 160 Millionen Einwohnern? Einfach nichts! Die Äusserungen eines Politikers zuhause gaben mir dann noch den Rest, um am Gelingen zu zweifeln. Er meinte: «Was willst du denn dort? Lass doch diese Leute einfach in Ruhe! Schau dir doch diese vielen zufriedenen Gesichter im Fernsehen an …» Doch alles kam ganz anders.

Wer nichts versucht, weiss auch nicht, dass es schwierig gewesen wäre.

Gründung der Elektrikerschule

Shanti Deutschland war mit dem Projekt der Elektrikerausbildung einverstanden. Ohne Unterstützung dieses Vereins wäre nichts möglich gewesen. Fest entschlossen, das Projekt nun doch durchzuziehen, packte ich im Februar 2007 erneut meine Reisekoffer. Für den geplanten Aufenthalt genügte ein Touristenvisum nicht mehr, ich brauchte diesmal ein Arbeitsvisum. Auch dies sei *no Problem,* wurde ich informiert. Dieses könne aber nur im Lande selbst ausgestellt werden. Doch gerade dies sollte vor der Ausreise doch noch zu einem Problem werden.

Meinen Flug nach Dhaka hatte ich über Mumbai (Indien) gebucht. Im Handgepäck hatte ich ein Paket mit Elektriker-Handwerkzeug und einem umfangreichen handgeschriebenen Manuskript für die geplante Schule. Weil ich in Mumbai einige Ausflüge unternahm, gab ich das Paket an einer Poststelle auf. Die Beamten versicherten mir, dass es problemlos in Dhaka ankommen würde.

Einige Tage später in Dhaka befand ich mich zusammen mit Paul Tigga und seinem Dreierteam an einer Sitzung. Doch nun vermisste ich meine Unterlagen. Ich bat einen Angestellten von Dipshikha, das Paket am Zoll abzuholen. Wie versprochen war es wohlbehalten angekommen. Noch aber hatten die Beamten den Inhalt nicht kontrolliert. Deshalb kehrte der Angestellte unverrichteter Dinge wieder zurück und ich musste mich selber Tage später wieder mit ihm zusammen, da ich ja kein Bengalisch verstand, um dieses Paket kümmern.

Die Zöllner wollten den Wert des Inhalts wissen. Meine Schätzung belief sich auf siebzehn Dollar. Nun machte ich zum ersten Mal Bekanntschaft mit dem bengalischen Zoll, der einer der korruptesten weltweit sein soll. Für das Paket wurde mir eine Rechnung von 350 Dollar Gebühren präsentiert. «Nein, so nicht! Dann könnt ihr das Paket gleich behalten!», rief ich wütend aus. Nach einigen heftigen Diskussionen wurde der Betrag um fast zwei Drittel auf 120 Dollar gekürzt. Von meinen Entwürfen hatte ich leider kein Doppel angefertigt, sodass ich schlussendlich zähneknirschend bezahlen musste.

In Bangladesch ist es üblich, einem Projekt einen ausdrucksvollen Namen zu geben, und dies möglichst als Kürzel. Nach diversen fantasievollen Vorschlägen erinnerte ich mich plötzlich an die Kinderschar in Rudrapur, die mir «Bideschi» nachgerufen hatten. Ich fragte in die Runde, was denn *einheimisch* oder *inländisch* heisse. *Deschi,* geschrieben *desi,* war die Antwort. «Also, dann nennen wir das Projekt ganz einfach DESI», warf ich in die Runde. Das Wort sollte zugleich als Kürzel stehen für: **D**ipshikha **E**lectrical **S**kill **I**mprovement. Frei übersetzt bedeutet dies: *Bessere Elektrikerausbildung bei Dipshikha.*

Bevor wir einen endgültigen Terminplan festlegten, fragte ich nochmals, ob der Standort wirklich in Rudrapur sein müsse – dermassen weit weg von der Hauptstadt Dhaka und zudem halb im Busch. «Es gibt dort viele Bauernfamilien, die sehr arm sind, und ihre Kinder haben keine Möglichkeit in einer Stadt zu studieren», war die Begründung. «Warum gibt es denn vor allem auf dem Land so viel Armut?», wollte ich wissen. «Dort findet man immer noch kinderreiche Familien. Bei der Erbteilung werden Grund und Boden aufgeteilt mit der Folge, dass sich die Nachkommen mit ihrem Erbe irgendwann davon nicht mehr ernähren können.» Gerissene Makler kaufen die Grundstücke dann zu Spottpreisen auf und werden so zu Grossgrundbesitzern. Ironie des Schicksals: Die jetzt landlosen Bauern müssen sich auf ihren ehemaligen Feldern als Tagelöhner verdingen. Die übrige Zeit versuchen sie, sich als Rikscha-Fahrer und mit Gelegenheitsarbeiten über Wasser zu halten. «Verstehst du nun, dass wir genau diesen Jugendlichen und auch den Minderheiten, also den Adivasi, eine Chance geben wollen, ein Handwerk zu erlernen? Das ist der Grund, warum wir mit der Schule aufs Land ziehen wollen.» Ja, ich hatte verstanden.

Meine Aufenthaltsbewilligung lief Mitte August ab. Also legten wir den Start der Schule auf Ende Juli fest, da waren wir uns einig. Obwohl ich damals noch nicht wusste, dass Bangladesch in der Anzahl der Feiertage wohl Weltmeister ist, präsentierte ich den Stundenplan für vier Semester. In diesem Punkt waren wir uns schon nicht mehr einig. Zwei Semester würden vollends genügen, war die allgemeine Meinung. «Weil keine Firma Lehrlinge einstellt, müssen wir die praktische Ausbildung selbst übernehmen», entgegnete ich. «Und ausserdem werden die für euch neuen Technologien wie Fotovoltaik[44] und Computerausbildung viel Zeit beanspruchen.»

---

44 Direkte Umwandlung von Lichtenergie mittels Solarzellen in elektrische Energie

«Fotovoltaik», meinte daraufhin einer in energischem Tonfall, «so etwas kannst du gleich vergessen. Die hat bei uns in Bangladesch keine Chance. Ist viel zu teuer!» Ich fragte daraufhin zurück: «Warum werden denn die Lautsprecher bei den Moscheen mit Solarenergie betrieben?» «Da ist Geld vorhanden. Und die müssen halt immer funktionieren.» «Aber ich bin mir absolut sicher, dass in ein paar Jahren die Fotovoltaik auch in Bangladesch Fuss fassen wird.» Schlussendlich setzte ich mich mit meinen Vorschlägen durch. Wir beschlossen, dass ein Kurs vier Semester, also zwei Jahre dauern sollte. Und auch das Kapitel Sonnenenergie würden wir in den Unterricht aufnehmen, was sich später als absolut richtig erwies, denn in der Zeitung *Wirtschaftswoche* wurde bereits zehn Jahre später Bangladesch sogar als «Solarland» betitelt.

Im Projektantrag war auch eine Fotovoltaik-Anlage vorgesehen und vor meiner Abreise erhielt ich von Bekannten bar auf die Hand Spenden für einen guten Zweck. Zu Prodip sagte ich: «Dieses Geld werden wir in eine solche Anlage für dein Büro investieren. Danach kannst du die Prüfungsarbeiten jederzeit an Ort und Stelle auswerten und brauchst nicht erst in die Stadt zu reisen. Du wirst noch staunen, was die Sonnenenergie zu leisten vermag.» Prodip ist der Sohn von Paul Tigga, dem Direktor von Dipshikha.

Als wir eine Solarfirma in Dhaka fanden, welche die Komponenten liefern konnte, verlangte ich dort eine Offerte. Rahimafrooz, so lautete der Name dieser Firma, stellte jedoch Bedingungen, die ich nicht akzeptieren konnte. Verlangt wurde der volle Betrag zum Voraus und die Garantie auf die Module wurde willkürlich auf fünf Jahre festgesetzt. Nach einem Streit mit der Ingenieurin wurden meine Bedingungen schlussendlich akzeptiert, nämlich eine Anzahlung bei schriftlicher Bestellung mit Restzahlung nach erfolgreicher Inbetriebnahme und eine Erweiterung der Garantie auf zwanzig Jahre. Ich merkte bald, dass diese Frau ein Schlitzohr war. Und in der Folge war dies denn auch nicht der letzte Streit mit ihr.

Renovation alter Gebäude

«Nun werden wir uns um die Stellen-ausschreibung kümmern. Du kannst mit Sepal, dem Aeriamanager in Rudrapur die Renovation überwachen», meinte Mahbub vom Dreierteam. Sepal betreu-te vor allem landwirtschaftliche Projekte und war durch und durch ein Reisbauer. Anfangs verstanden wir uns überhaupt nicht. Ich hatte den Eindruck, dass ich ihn mit einem neuen Projekt nur belas-ten würde und dass er von der Technik schon gar nichts wissen wollte. Ausser-dem sprach er kein Englisch und ich kein Bengalisch. Missverständnisse waren da-mit vorprogrammiert. Beide, auch der Schulleiter Prodip, konnten mit einer Berufsausbildung, angelehnt an unser Dualsystem, nichts anfangen. Dann aber stellte ich erfreut fest, dass sich Sepal mit Handwerkern traf und die Renovation organisierte.

Die Gebäude waren dem Verfall nahe.

Aufgrund der vielen Stromausfälle musste ich abends im Kerzenschein arbeiten. Das flackernde Licht wirkte an sich sehr romantisch und faszinierte mich. Aber offen-sichtlich nicht nur mich, denn in kurzen Abständen waren plötzlich Geräusche zu hören, als würde ein heisser Teelöffel in kaltes Wasser getaucht. Mücken, Falter und andere Insekten wurden vom Kerzenschein magisch angezogen und flogen direkt ins

Bedingte eine Totalrenovation

Verderben. Ihr Leben war mit einem zischenden Geräusch und mit einem gleichzeitigen Aufleuchten und einem nachfolgenden Rauchzeichen rasch beendet. Als ich endlich nach meiner abendlichen Arbeit müde und erschöpft im Bett lag, flackerte plötzlich die Röhrenlampe auf. Schön, dass der Strom wieder da ist, dachte ich mir, aber jetzt will ich schlafen. Ich hatte vergessen den Schalter auszuschalten, weil die Aus-Stellung nicht ersichtlich war. Kann ja mal passieren. Doch ich war kaum eingeschlafen, da fing plötzlich ein Hund zu bellen an. Und ringsherum antworteten ihm mindestens ein Dutzend andere kläffende Vierbeiner. Das Hundegeheul dauerte so lange, bis ein jeder dieser Promenadenmischungen an der Reihe gewesen war. Von Schlaf konnte keine Rede mehr sein, denn meine Nerven waren zu arg strapaziert.

Ein Telefonnetz gibt es in Rudrapur nicht. Und E-Mails zu verschicken oder zu empfangen, war auch nur in grösseren Städten möglich. Um mit meiner Frau Kontakt aufnehmen zu können beziehungsweise ihr einige Bilder zukommen zu lassen, musste ich deshalb nach Dinajpur fahren. Mit dem Auto sind es vierzig Minuten. Dort wollte ich mich dann bei einem Internet-Shop für eine Verbindung anmelden. «Nein, das ist jetzt nicht möglich, versuchen Sie es morgen nochmals.» «Und weshalb sollte dies heute nicht möglich sein?», fragte ich unwirsch zurück und ergänzte: «Ich habe soeben eine vierzigminütige Anreise hinter mir.» «Aber siehst du denn nicht, dass wir einen Stromausfall haben?» «Ach, schon wieder», murrte ich. Mir blieb keine andere Wahl, als den Fahrer zur Umkehr anzuhalten. Ausser Spesen nichts gewesen.

Am anderen Tag wurde die bei der Firma Rahimafrooz bestellte Solaranlage angeliefert. Schon beim Abladen fanden sich viele Neugierige ein, vor allem Kinder. Bei der Montage der Panels halfen Leute von Dipshikha mit. Die Verkabelung wiederum übernahm die Firma und nach einer Woche war die Anlage in Betrieb. Im Büro konnten die Computer nun unabhängig vom öffentlichen Netz benutzt werden. Das Erstellen dringender Dokumente für die METI-Schule hing nun nicht mehr vom unzuverlässigen öffentlichen Netz ab. Die Freude war dementsprechend gross. Obwohl die Anwendung der Solarenergie zu dieser Zeit in ländlichen Gegenden noch völlig unbekannt war, hoffte ich, die negative Einstellung mit dieser Anlage beseitigt zu haben.

Erste Solaranlage bei Dipshikha

Das Büro hatte keinen Stromunterbruch mehr.

Da irrte ich mich. Ermutigt durch diesen Erfolg wollte ich die Solarenergie auch den dortigen Dorfbewohnern näherbringen. Dazu hatte ich auch schon eine Idee. Jeden Morgen kamen einige Männer auf unser Areal, um ihre Taschenlampen und Handys aufzuladen. Wenn sie Glück hatten, war das Netz vorhanden, wenn nicht, so mussten sie halt warten. Ihre Frauen waren unterdessen schon auf dem Felde. Da kann man doch bestimmt eine kleine Solaranlage mit Batterie, ein paar Steckdosen und eine Beleuchtung installieren, dachte ich. Unabhängig vom unzuverlässigen öffentlichen Netz könnten die Männer dann ihre Geräte zu jeder Tages- und

Nachtzeit aufladen. Sie brauchten dann künftig nicht mehr auf den Strom zu warten und konnten dafür gleichzeitig zusammen mit ihren Frauen aufs Feld gehen. Im Geiste malte ich mir bereits aus, wie die Reklame aussehen könnte. Zum Beispiel: *Bei Dipshikha werden die Mobiltelefone mit Solarenergie aufgeladen.* Voller Begeisterung unterbreitete ich dem Schulleiter diese Idee. «Die Kosten werden wir selbstverständlich übernehmen.» Am nachfolgenden Tag teilte er mir mit, dass er mit seinem Vater gesprochen habe. «Wir möchten dieses Projekt nicht», teilte er mir kurz und bündig mit. Mir ist bis heute schleierhaft, was die Beweggründe waren, mir diese Idee zu verwehren.

Unterdessen fanden sich viele Handwerker auf der Baustelle ein, Maurer, Schreiner, Schlosser – nur keine Elektriker. Sepal sagte zu mir: «Komm mit, wir müssen das Holz einkaufen. Die Schreiner werden daraus Tische, Stühle und Betten fabrizieren.»

«Wozu müssen **wir** das Holz einkaufen», fragte ich.

«Es ist in Bangladesch so, dass der Bauherr das Holz auf die Baustelle bringen muss.»

In einer Sägerei (dort saw-mill genannt) kauften wir drei Baumstämme ein und liessen diese zu dicken Bohlen zersägen. Ein Dieselmotor wurde angeworfen und eine Bandsäge, die über einen langen Flachriemen angetrieben wurde, erzeugte im Leerlauf einen singenden Ton. Metallklammern hielten den Riemen zusammen. Diese erzeugten bei jedem Umlauf ein metallisches Geräusch, das sich wie ein Ticken anhörte. Sicherheitsvorrichtungen waren weder beim Antrieb noch bei der Säge auszumachen.

Das Holz mussten wir zuerst einkaufen.

Aus den dicken Brettern fertigten die Schreiner direkt auf der Baustelle mit einfachem Handwerkzeug Stühle, Tische und Betten an. Weder Hobelmaschinen noch elektrische Fräsen erleichterten die Arbeit. Der Schlosser hingegen war für seine Schweissarbeiten auf elektrischen Strom angewiesen. Da dieser unregelmässig und meist nur nachts zur Verfügung stand, war ein geplantes Arbeiten für ihn nicht möglich. Aber niemand regte sich auf, das war Alltag.

Ein Tisch für eine Werkbank entsteht – alles von Hand.

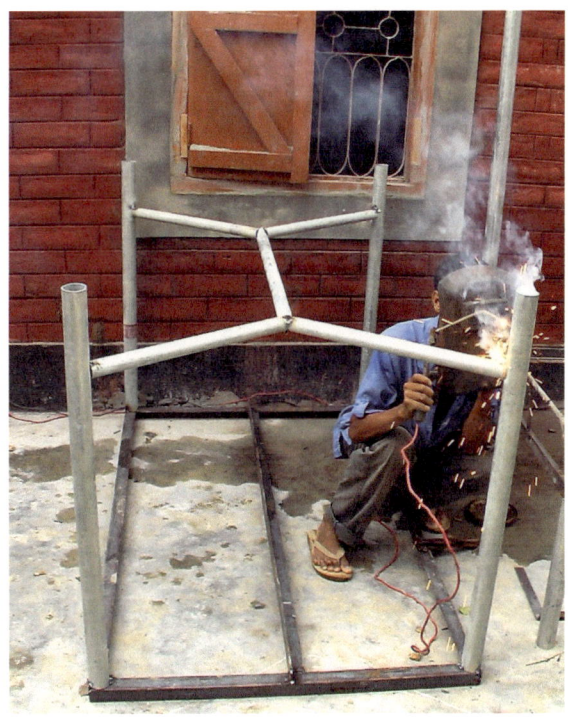

Werkbank, gefertigt an Ort und Stelle

Wieder in Dhaka – Lehrerwahl

Robi, ein Büroangestellter von Dipshikha, fragte mich, ob ich ihn am Wochenende in sein Heimatdorf Pabna begleiten würde. «Der Bahnhof ist nicht weit weg von meinem Elternhaus, deshalb werden wir mit der Bahn reisen», meinte er. Gott sei Dank, dachte ich mir, das ist sicherer und komfortabler als mit diesen verrückten Busfahrern. Komfortabler war es aber keineswegs, denn es war kein einziger Sitzplatz mehr frei. So mussten wir uns in einem Güterwagen auf den Bretterboden setzen, gemeinsam mit den Marktfahrern, die ihre Waren verkauft oder eingekauft hatten. Sogar eine Ziege fuhr mit. Mit ihrem dauernden Gemecker gab sie uns zu verstehen, dass sie nicht freiwillig in den Güterwagen gestiegen war und dass sie ihren früheren Besitzer vermisste. Auch der Schienenstrang hatte wohl schon bessere Zeiten gesehen, denn das Schaukeln und Schütteln verursachte Kopfweh und Übelkeit. Es war fast wie bei einem Sturm auf hoher See.

Der herzliche Empfang bei Robis Eltern liess mich bald die Rückenschmerzen vergessen. So fuhren wir denn auch bereits anderntags mit einem kleinen Boot über geflutete Felder, wo Jutestauden gewässert wurden. Nach ein paar Tagen konnten die Fasern aus den schlanken Stängeln herausgezogen und weiterverarbeitet werden. Robi, ein überzeugter Christ, wollte mir unbedingt die im Bau befindliche Kirche zeigen. Widerwillig begleitete ich ihn. Ich hegte den Verdacht, dass er eine Spende von mir erwartete. Doch da war er bei mir an der falschen Adresse. Deutlich gab ich ihm zu verstehen, dass wir absolut neutral Jugendliche, egal welcher Religionszugehörigkeit, unterstützen wollten und nichts anderes.

Auch für die Rückreise benutzten wir die Bahn. Pünktlich fanden wir uns am Bahnhof ein. Ich fragte Robi, wo denn der Billettschalter sei, da alle Räume dunkel waren. «Der Schalter öffnet erst eine halbe Stunde vor der Abfahrt.» Ich schaute auf meine Uhr und sagte: «Aber die Abfahrt ist ja schon in fünf Minuten.» Ich wurde ungeduldig und versuchte, durch die verdreckten Glasscheiben einen Blick ins Innere zu erhaschen. Täuschte ich mich oder schlief da ein Mann in Uniform auf dem Bürotisch? Fragend schaute ich Robi an. Der lachte nur und sagte: «Der Zug braucht eine Stunde vom letzten Halt bis hierher. Bei der Abfahrt dort ertönt für den Beamten eine Glocke, welche ihm signalisiert, dass es nun an der Zeit ist, den Schalter zu öffnen.»

Eine Stunde verging, zwei Stunden, drei … nichts passierte. Und niemand regte sich auf. Geduldig hockten oder lagen die Leute auf dem Bahnsteig, assen ihre mitgebrachte Verpflegung oder schliefen. Nach sieben Stunden langen Wartens ertönte endlich die Glocke und das Licht ging an. Das Schiebefenster wurde geräuschvoll aufgerissen und die Leute drängten sich zum Schalter. Als ich Robi erzählte, dass bei uns die Züge auf die Minute genau fahren würden, erzählte er diese Neuigkeit rundum den Wartenden. Die Antwort darauf war ein ungläubiges Kopfschütteln. Wenn auch die Pünktlichkeit zu wünschen übrig liess, war ich froh, diesmal mit weniger Rückenweh wieder in meinem Zimmer einzutreffen.

Unterdessen waren 28 Bewerbungen für die Lehrerstelle eingegangen. Ich hatte dazu bereits Prüfungsblätter vorbereitet. Diese enthielten Fragen zu Mathematik, Physik, Geometrie, Elektrotechnik und einen Text in englischer Sprache. Kaum waren die Blätter verteilt, traten die ersten Schwierigkeiten auf. Wir sind uns gewohnt, Dezimalzahlen mit einem Komma zu trennen. Sie hatten damit Mühe, denn bei ihnen wird die Trennung mit einem Punkt gemacht. Auch die Multiplikation und die Division werden bei ihnen anders dargestellt. Als ich schliesslich ihnen gegenüber alles erklärte, konnten sie sich trotz anfänglicher Unsicherheiten an die Arbeit machen. Einige liefen jedoch bereits nach zwei Stunden wieder davon. Bei den restlichen Teilnehmern begutachtete ich zusammen mit dem Dreierteam die Arbeiten samt den eingereichten Zeugnissen und den dazugehörigen Dokumenten. Laut ihren Unterlagen hätten die meisten gut ausgebildete Ingenieure sein sollen. Die Prüfungsarbeiten zeigten allerdings andere Resultate. Eines der eingereichten Zertifikate war offensichtlich von einem Kollegen kopiert worden. Der Name stimmte wohl überein, aber der Urkundenfälscher hatte dabei übersehen, dass die Religionszugehörigkeit auf dem Papier nicht mit der seinigen übereinstimmte. Prodip fragte mich: «Was meinst du, wer wird sich am ehesten für eine Anstellung als Lehrer eignen?» Da brauchte ich nicht lange zu überlegen: «Keiner!», war meine Antwort.

Lehrer beim Eignungstest

Ich war unheimlich enttäuscht. Entgegen der früheren Aussage, Lehrer zu finden sei *no Problem,* wurde die Lehrersuche nun zum grössten Problem. Aber in einem Punkt waren wir uns dennoch einig: Eine gute Schule hing in erster Linie vom Lehrpersonal ab. Wir gaben noch nicht ganz auf, sondern luden sieben der Kandidaten zu einem Gespräch ein. Bei den einzelnen Diskussionen mit ihnen kamen wir jedoch nur mühsam voran, denn ihr Englisch war meist dürftig. Bei einem Bewerber hatte ich sogar den Eindruck, dass er mit der Elektrotechnik auf Kriegsfuss stand. Als ich von ihm etwas über Erdung wissen wollte, gab er zur Antwort: «So etwas brauchen wir hier in Bangladesch nicht.» Unweigerlich erinnerte ich mich an den damaligen Sitznachbarn im Flugzeug nach Delhi und verstand nun, warum das bengalische Bildungswesen nicht unseren Vorstellungen entsprach. Die Lücke einer ganzen Generation von Professoren und guten Lehrern, die fast allesamt umgebracht wurden, war noch nicht aufgefüllt[45]. Was nun?

45 Zitiert im Kapitel «Im Einsatz für das Internationale Komitee des Roten Kreuzes»

Idris

Sujan

Wir wählten Idris, einen älteren temperamentvollen Herrn, und Sujan, 35 Jahre jung und verheiratet, der gute Computerkenntnisse aufwies. Beide sprachen ein passables Englisch. Aber beide hatten noch nie etwas von einer dualen Ausbildung und von praktischen Arbeiten an der Schule gehört. Sie versicherten uns jedoch, dass sie bei den Installationsarbeiten im Trainingscenter mithelfen würden.

Es war mein Wunsch, nun doch noch mit jedem von diesen beiden mindestens eine Woche lang zusammenzuarbeiten und ihnen dabei etwas auf den Zahn zu fühlen. Und ebenso wollte ich ihnen bei dieser Gelegenheit unser Ausbildungskonzept erklären. Sujan setzte sich gleich an den Computer und entwarf einen provisorischen Stundenplan. Darüber war ich sehr erfreut und dachte, dass er sich für die Lehrerstelle ernsthaft interessieren würde. Idris wiederum präsentierte mir ein selbstgeschriebenes und sehr schön gestaltetes Notizbuch mit farbigen technischen Zeichnungen. Das hinterliess bei mir ebenfalls einen guten Eindruck. Wir setzten für beide den Arbeitsbeginn auf den 1. Mai fest. Dipshikha stellte die Arbeitsverträge aus.

Idris traf pünktlich zum Arbeitsbeginn ein. Auf Sujan warteten wir einen halben Tag, doch wir hörten nichts von ihm. Auch am nächsten Tag nicht. Erst nach einer Woche war er erreichbar und erklärte uns gegenüber seelenruhig: «Ich darf die Stelle bei euch nicht antreten. Mein Vater gestattet mir dies nicht.» Schmerzhaft musste ich einmal mehr Bekanntschaft mit einer Kultur machen, in welcher der Vater das Sagen hat. «Wir werden doch noch einen zweiten Lehrer finden», wurde ich getröstet. «Mach du unterdessen mit Idris weiter.»

Die nächste Zeit waren wir mit dem Stunden- und dem Lehrplan beschäftigt. Ich erklärte ihm, wie ich mir die Ausbildung vorstellte. Bangladesch kannte keine Berufslehre. Es gab keine Firmen, die Lehrlinge ausbilden würden. Also würden wir vormittags theoretischen und nachmittags praktischen Unterricht machen. Er war skeptisch, denn er konnte sich eine praktische Ausbildung an einer Schule nicht vorstellen.

«Für das Praktikum brauchen wir Elektromaterial und vielleicht finden wir geeignete Fachbücher in Bengalisch. Wo können wir dies einkaufen?» fragte ich Idris. «Am besten in Old-Dhaka, da kenne ich mich aus», war seine Antwort. Also würden wir ein paar Tage auf Einkaufstour gehen.

In Dhaka angekommen, wollte ich zuerst die Schweizerfranken wechseln, die ich als Spenden erhalten hatte. Da hiess es bei der Bank wieder Schlangestehen. Als ich die Banknoten vor dem vergitterten Fenster auf die Ablage schob, schüttelte der Beamte den Kopf und sagte: «Nein, eine solch exotisch Währung nehmen wir nicht.» Es war just in der Zeit, als die Medien auch in Bangladesch über das Debakel der UBS berichteten. Was sollte ich dazu sagen?

Das Angebot an Elektromaterial und Geräten war wirklich riesig. Die Messgeräte aus China waren die billigsten, die von Japan die teuersten, aber auch von besserer Qualität. Idris schaute nur auf den Preis und wollte das Billigste kaufen. «Nein, wir nehmen das aus Japan. Wenn alle Lehrlinge damit messen sollen, dann brauchen wir ein robustes Gerät.» Er schaute mich entgeistert an. «Aber das Messgerät darf doch nur vom Lehrer benutzt werden.» «Nein, die Lehrlinge müssen damit arbeiten, du wirst noch lernen, was ich unter praktischer Ausbildung verstehe», erwiderte ich ihm.

Eine Firma konnte uns ein Tourenzahlmessgerät erst auf den späteren Nachmittag beschaffen. Ich war froh, dass wir vorerst den Einkauf beenden konnten. In jeder Gasse, vor jedem Verkaufsstand hatte es eine Unmenge Leute und der Lärm war fast unerträglich. Mein Kopf brummte wie ein Bienenstock. So schlug ich Idris vor, das Mittagessen auf der Dachterrasse eines Hochhauses einzunehmen. Dort bestiegen wir den Lift. Idris verliess ihn sofort wieder. «Komm, die Leute warten», drängte ich ihn. «Wo ist denn der Liftboy?» «Es braucht doch keinen Liftboy mehr, das war einmal.» «Aber wie soll denn der Lift wissen, dass wir ins Dachgeschoss wollen?», wandte er ein. «Du drückst auf den obersten Knopf, alles andere macht die Elektronik selbst. Wir werden später im Praktikum ein Modell bauen mit der entsprechenden Steuerung dazu.»

Auf der Dachterrasse fanden wir einen Platz und genossen die Aussicht und die bengalische Küche. Als uns die Rechnung präsentiert wurde und er den Preis für einen Liter Mineralwasser von umgerechnet Fr. 1.20 sah, rief er aus: «Das ist gestohlen. Für diesen Betrag bekomme ich in Rudrapur drei Mahlzeiten und das Wasser ist gratis dazu.» «Du kannst das so nicht vergleichen», versuchte ich ihm zu erklären. Aber er beruhigte sich nicht so schnell und murrte immer wieder, das seien doch Diebe.

Jetzt gab es plötzlich noch ein weiteres Problem: Mein Visum musste verlängert werden. Ich erhielt Besuch von einem Beamten des Sicherheitsdienstes. Er wollte nebst meinen Personalien und meiner früheren Tätigkeit wissen, warum ich in Bangladesch sei, was ich hier machte und wer mich geschickt habe. Am nächsten Tag musste ich mit Robi zum Visa-Büro fahren, um eine Verlängerung zu beantragen. Im stockenden Verkehr kamen wir nur langsam voran. Ganze drei Stunden benötigten wir dorthin. Wir reihten uns vor dem Schalter in die Kolonne ein und – endlich! – hatten wir nur noch zwei Personen vor uns. Dann ging plötzlich lautstark der Laden herunter. Vier Uhr. Feierabend. Für Robi und mich war der ganze Tag gelaufen. Anderntags fuhren wir wieder hin und diesmal schafften wir es bis zum Schalter. Ich erwartete, dass mein Visum nun verlängert werden würde, und hielt meinen Pass hin. Doch anstelle eines entsprechenden Stempels mit Beamtenunterschrift erhielten wir nur einen Nummerngutschein und den Hinweis, dass wir mit der aufgedruckten Zahl in etwa drei Tagen an der Reihe seien. So fuhren wir also ein drittes Mal hin. Und endlich hatten wir es bis zum erlösenden Schalter geschafft. Doch wir wurden zurückgewiesen, weil ein Dokument fehlte, das wir uns in einer anderen Ecke der Stadt besorgen mussten. Jetzt war meine Geduld endgültig zu Ende und ich sagte zu Robi: «Das nächste Mal komme ich nicht mehr mit. Aber bring mir trotzdem meinen Pass wieder zurück! Und was die Busse betreffend Überschreiten der Tage meiner Aufenthaltsbewilligung betrifft, werde ich diese halt auch noch bezahlen müssen.»

Ich war sehr deprimiert, denn die Zeit lief mir davon. Wir hatten wohl einen Lehrer, aber nur für den theoretischen Unterricht. Zudem hatten wir auch noch keine Schüler. Und die einsetzende Regenzeit stoppte die Renovation. «Das ist alles *no Problem,* wir werden die Schule am 1. August eröffnen, du wirst es sehen», wurde mir gesagt. Aber ich sah nur noch schwarz, packte eines Abends meine Koffer und sagte zu Jahid: «Bangladesch will mich nicht. Bei euch ist alles *no Problem,* aber man kann das auch mit *nur Probleme* übersetzen. Morgen buche ich einen Flug nach Hause. Ich mag und kann einfach nicht mehr!» Er war tieftraurig und sagte zu mir: «Weisst du, in Bangladesch ist nichts unmöglich, aber alles ist möglich.»

In der darauffolgenden Nacht träumte ich von meiner Lieblingskatze Teddy, die schon längst tot war. Sie kuschelte sich ganz eng an meine Kniekehle. Es war so wie früher. Ich spürte ganz deutlich ihre wohlige Wärme. Als ich sie streichelte, sah sie mich sehr lieb an und gab mir deutlich zu verstehen: Bleib hier, es kommt gut! Noch halb im Schlaf streckte ich den Arm nach ihr aus, griff jedoch ins Leere und erschrak. Nun war ich plötzlich hellwach und traute meinen Sinnen nicht mehr.

Am anderen Morgen öffnete ich die Koffer wieder und packte all das aus, was ich tags zuvor eingepackt hatte. Dann sagte ich zu Jahid: «Ich bleibe doch», woraufhin er mich herzlich umarmte.

Eröffnung der Schule

Robi versicherte mir, dass ich mich nicht mehr um die Aufenthaltsverlängerung kümmern müsse: «Ich mach das schon. Geh du mit Idris nach Rudrapur, dort werdet ihr bei den Renovationsarbeiten gebraucht.» Das stimmte, denn als wir dort ankamen, wurden bei strömendem Regen erst die Wellbleche montiert. «Sobald alles unter Dach und Fach ist, werden wir mit den Elektroinstallationen beginnen», eröffnete ich Idris. Er jedoch druckste herum und meinte: «Als Prinzipal[46] der Schule ist so etwas nicht meine Aufgabe. Das kann meinetwegen eine auswärtige Firma machen.» Nach dieser geradezu überheblichen Aussage stieg mein Puls und ich sagte zu ihm in bestimmendem Ton: «Du hast mir im Gespräch versichert, dass das praktische Arbeiten für dich kein Problem sei. Wir werden somit morgen nach Dinajpur fah-

ren und dort das benötigte Material einkaufen.» «Aber ich habe seit zwanzig Jahren nicht mehr auf diesem Gebiet gearbeitet», versuchte er sich erneut herauszureden. «Wie bitte? Was sagst du da?», entfuhr es mir. «Dann hast du uns also an der Nase herumgeführt! Dann wirst du halt lernen müssen, ganz neu wieder mit einem Schraubenzieher umzugehen.» Ich war stocksauer auf ihn. Zwei Tage später starteten wir die Installationsarbeiten. Da er nicht schwindelfrei war, überliess ich ihm die Bodenarbeiten. Es ging besser, als ich gedacht hatte.

Auch Idris musste anpacken.

---

46 Gebräuchlicher Ausdruck für Schulleiter

Das Mittagessen nahmen wir auf der Baustelle ein. Anderntags erwähnte er, er hätte mit seiner Frau telefoniert und erzählt, dass ich mit 63 Jahren keine Angst hätte, auf die Leiter zu steigen. Sie habe ihm dies nicht geglaubt.

In der Zwischenzeit hatte Sepal in der Umgebung Plakate anschlagen lassen, um Lehrlinge für die Elektrikerausbildung anzuwerben. Auch hier stimmte ihre Vermutung nicht, dass es ein Problem sei, Lehrlinge zu finden. In der Folge trafen gesamthaft 36 Kandidaten ein und versuchten, die Aufgaben zu lösen. Zu viert fuhren wir in die Dörfer und nahmen die Aufnahmeprüfungen ab. Anschliessend führten wir mit jedem Kandidaten ein Gespräch und erfuhren dabei einiges über dessen Ausbildungsstand, über seine Familienverhältnisse und das Einkommen. Angenehm überrascht waren wir, dass auch zwei Damen die Prüfungsarbeiten schrieben. Eher traurig hingegen stimmte uns, dass nur ein einziger mutiger Adivasi sich bewarb. Ich habe bereits erwähnt, dass die Adivasi keine Schrift kennen und eine eigene Sprache entsprechend ihrer Stammeszugehörigkeit haben und deshalb war für ihn die Prüfung besonders schwierig. Insgesamt waren wir für die ganze Aktion zwei volle Wochen unterwegs. Wir wollten ja den Allerärmsten Gelegenheit geben, ein Handwerk zu erlernen.

Bei den Prüfungsergebnissen berücksichtigten wir nicht nur die Resultate, sondern auch das soziale Umfeld der Kandidaten. Ghour, so hiess der Adivasi, erreichte die geforderte Punktzahl nicht. Dennoch bestand ich darauf, ihm eine Chance zu geben. Mein Entscheid stellte sich später als richtig heraus. Leider war das weibliche Geschlecht nicht mehr in der engeren Wahl. Die Eltern erlaubten dies nicht. Wir wählten zwanzig Burschen und einen Ersatz, falls in den ersten Wochen einer abspringen sollte.

Zurück auf der Baustelle rief ich wütend aus: «In zwei Wochen treffen die Lehrlinge ein und die Räume sind noch nicht fertig! Und überhaupt: Wir haben noch immer keine Betten und auch keinen Praktikumslehrer. Wie sollen wir unter solchen Umständen den Unterricht beginnen?!»

In der Regenzeit ist die Feuchtigkeit so hoch, dass ein frisch aufgetragener Verputz nicht trocknet. Doch das hinderte die Malerequipe nicht daran, mit ihren überdimensional breiten Pinseln die helle Farbe auf die klatschnassen Wände aufzutragen. «He, das wird nie funktionieren!», entfuhr es mir. «Die Farbe wird wieder abblät-

Die Lehrlinge halfen bereits am ersten Schultag,
die Elektroinstallationen fertigzustellen.

Einweihung und Eröffnungsfeier am 1. August 2007 vor den renovierten Gebäuden

tern.» Doch diesmal irrte ich mich gründlich. Gar nichts musste nachgebessert werden, auch nach fünfzehn Jahren blätterte nichts ab.

Nun trafen auch schon die ersten Lehrlinge ein. Unter ihnen waren Ghour und Uttam. Ich war verzweifelt, denn es wimmelte noch immer nur so von Handwerkern.

Start ohne Stühle und Schulbänke

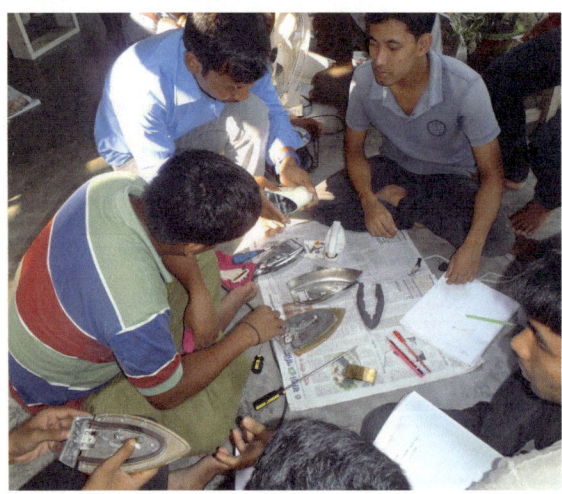

Praktischer Unterricht am Bügeleisen nachmittags

Die Doppelbetten waren frisch gestrichen und mussten erst noch trocknen. Die Kochstelle wiederum war auch noch nicht in Betrieb und die elektrischen Installationen ebenfalls nur zur Hälfte erledigt. «Kein Problem, die Lehrlinge können im Office auf dem Boden schlafen. Und morgen werden sie uns beim Installieren helfen», beruhigte man mich. Kein Mensch schien sich aufzuregen.

Der 31. Juli war ein trüber und regnerischer Tag. Undeutlich nahm ich in der Ferne wahr, wie ein schmächtiger Mann mit einem Bündel auf dem Rücken sich in unsere Richtung bewegte. Ich dachte zuerst an einen weiteren Lehrling. So staunte ich nicht schlecht, dass er sich als Lehrer für den praktischen Unterricht bei uns vorstellte. Tobir, so sein Name, arbeitete als Elektriker in der Industrie und hatte die letzten zwei Jahre als Lehrer in einem technischen Institut gewirkt. Ich hiess ihn herzlich willkommen und war äusserst erleichtert, dass wir nun mit zwei Lehrern starten konnten. Er war etwas schüchtern, aber bei den Studenten sehr beliebt. Während der ersten Zeit funktionierte die Zusammenarbeit zwischen den beiden Lehrern Idris und Tobir recht gut. Wie wir später sehen werden, traten jedoch bereits im zweiten Kurs zwischen ihnen unlösbare Probleme auf, die zur Folge hatten, dass beide Lehrer die Schule verliessen.

Am ersten Schultag hatten wir weder Stühle noch Tische und nur das nötigste Schreibmaterial. Die Studenten hockten auf dem Boden und machten sich ihre Notizen. Idris, dieser Prinzipal, startete die erste Lektion auf recht militärische Weise in einem sehr forschen Ton. Ich machte ihn darauf aufmerksam, dass er junge Männer vor sich habe und keine kleinen Buben. Es machte ganz den Anschein, dass Idris sich auf seine Position einiges einbildete. Und solche Leute müssen halt hin und wieder auf den Boden zurückgeholt werden. Beim anschliessenden Mittagessen, das wir alle gemeinsam aus einem Blechteller auf dem Boden sitzend einnahmen, beobachtete mich Idris unauffällig. Als wir mit dem Essen fertig waren, sagte er zu mir: «Dass du mit den Fingern isst wie wir, das ist eine Sache, dass du aber aus einem Blechteller gegessen hast wie ein Hund, nein, das geht

Installation am Nachmittag

Schulungsmodell einer PV-Anlage

nun wirklich zu weit. Deinetwegen musste auch ich aus dem Blechteller essen. Und so etwas ist für mich unter meiner Würde. Ich werde für uns richtige Teller besorgen.» Na ja, Einbildung ist auch eine Bildung, sagte ich mir.

Mir blieben noch zwei Wochen, um beide Lehrer in unserem Ausbildungssystem zu trainieren und ihnen etwas über die Solartechnologie beizubringen. Ich beharrte auf dieser Ausbildung, obwohl in anderen Schulen dies noch nicht gelehrt wurde. Anhand eines Modells einer Fotovoltaikanlage, das wir von der Firma Rahimafrooz als Werbegeschenk erhalten hatten, konnte ich ihnen die Funktionsweise beibringen. Nach diesen zwei Wochen musste ich die Heimreise antreten, wenn auch mit ziemlich gemischten Gefühlen.

Der erste Kurs und der Bau des Lehmschulhauses

Mit ebenso gemischten Gefühlen und in Erwartung dessen, was ich wohl antreffen würde, trat ich meine nächste Reise an. Zuhause hatte ich mühsam viele Blätter in Englisch als Stoff für den Unterricht erstellt, mit entsprechenden Aufgaben dazu. Die Lehrer waren sehr dankbar dafür. Ich war gespannt darauf, wie und was in zwei Semestern gelehrt worden war. Alle Lehrlinge waren noch dabei, erwiesen sich als fleissige und eifrige Schüler und waren Meister im Improvisieren. Stolz zeigten sie mir einen reparierten Deckenfan. «Da bin ich aber neugierig, testen wir ihn», sagte ich. Alle schauten mich verwundert an. «Testen, wie sollen wir testen ohne Strom, wir müssen das nachts machen.» «Ach ja, ich habe vergessen, dass wir hier meist keinen Strom haben.»

Mein erster Eindruck konnte mich aber nicht darüber hinwegtäuschen, dass die Lehrer mit dem praktischen Unterricht etliche Mühe hatten, da sie einen solchen bisher gar nicht kannten. Ich sah meine Aufgabe deshalb vermehrt darin, die Lehrer zu schulen. Da erinnerte ich mich plötzlich an die Idee von früher, beim Eingang zum Dipshikha-Areal eine öffentliche Ladestation zu installieren.

Parbuti, eine Frau mit einem sehr sonnigen Gemüt, bediente in ihrer Teestube meist Stammkunden, die sich zu einem Schwatz bei ihr einfanden. Idris und ich genossen hin und wieder auch einen Schwarztee bei ihr, nur zehn Gehminuten von uns entfernt. Nun machte ich Idris den Vorschlag, dass wir doch hier eine kleine Solaranlage installieren könnten, dann hätten die Herren der Schöpfung jederzeit in Parbutis Teeshop Gelegenheit, ihre Taschenlampen und Natels aufzuladen. Für unsere Lehrlinge wäre das zugleich eine praktische Übung. So etwas wäre einmalig in der ganzen Umgebung und würde ihr den Umsatz steigern. Wir warfen einen Blick auf eine mögliche Platzierung des Panels und kehrten wieder um. Zwei Tage später, als wir bei der «Konkurrenz» vorbeischlenderten, fragte uns der dortige Teebudenbesitzer in forschem Ton:

«Was macht ihr dort hinten?» «Wir gehen zu einem Tee, wie immer.»

«Nein, ihr macht dort eine Solaranlage.»

Oha, da hatten die Wände wieder einmal Ohren gehabt. Ich sagte zu Idris: «Vergessen wir das, der könnte aus Neid die Anlage zerstören.»

Im praktischen Unterricht musste ich feststellen, dass das einzige Messinstrument, das wir in Old Dhaka gekauft hatten, schon defekt war. Durch eine falsche Bedienung war die Sicherung durchgebrannt. Ungehalten schnauzte ich Idris an, dass er sofort Ersatz besorgen solle. «Aber den bekomme ich nur in Dhaka, eine Tagesreise von hier entfernt», meinte er. «Ohne dieses Instrument können wir keine Messungen durchführen, dann fährst du halt nach Dhaka.»

Nach drei Tagen kehrte er wieder zurück – ohne Sicherungen. «Konntest Du keine auftreiben?», fragte ich ihn gereizt. «Doch, aber der Händler wollte 40 Rappen pro Stück und ich weiss genau, dass die nur 20 Rappen kosten. Ich lasse mich doch nicht von solchen Gaunern übers Ohr hauen und habe deshalb keine gekauft.» Insgesamt zwei Tage Busfahrt hin und zurück und einen Tag auf dem Markt hatte er gebraucht, um mit nichts zurückzukommen. Mir verschlug es fast die Sprache. Seine Denkweise konnte ich nun wirklich nicht nachvollziehen. «Wir werden in nächster Zeit ohnehin miteinander reisen und bei verschiedenen Firmen anklopfen, um für unsere Elektrikerausbildung zu werben. Diese persönlichen Kontakte werden für die spätere Stellensuche wertvoll sein», sagte ich zu ihm. «Von dir erwarte ich nicht nur, dass du die Studenten gut ausbildest, sondern auch, dass du dich, wenn es so weit ist, bei der Stellensuche für sie einsetzen wirst.»

Welch grosse Freude, als ich nach zwei Jahren Ausbildung erfuhr, dass alle Studenten erfolgreich abgeschlossen und eine Arbeitsstelle in Bangladesch gefunden hatten. In diesen zwei Jahren stellten wir verschiedene Probleme fest, für die wir Lösungen suchen mussten. So waren die Burschen in ihren privaten Räumen unter engsten Platzverhältnissen zusammengepfercht. Aber auch für den praktischen Unterricht war viel zu wenig Raum vorhanden. Eine Stromversorgung, die oftmals nur während weniger Stunden zur Verfügung stand, machte eine Elektrikerausbildung fast unmöglich. Wir waren uns alle einig, dass wir grösser planen mussten. Dipshikha offerierte eine Fläche in der Nähe des METI-Schulhauses. Mir schwebte ebenfalls eine ähnliche Konstruktion aus umweltfreundlichen Materialien wie Lehm und Bambus vor.

Ich fragte Anna Heringer, ob es möglich wäre, ein Gebäude für Handwerkeraus-bildung aus Lehm und Bambus zu erstellen. Sie war begeistert von meiner Anfrage und machte sich gleich ans Werk und übernahm auch die Bauführung. Weil sie per-fekt Bengalisch sprach, verstand sie sich mit dem Polier und den Handwerkern ausge-zeichnet. Nach eineinhalb Jahren stand ein wunderschönes, zweistöckiges Gebäude vor uns. Als einmalig für einen Lehmbau dürfen die Duschräume im ersten Stock bezeichnet werden.

Unser neues Schulhaus für Theorie und Praxis

Für die Beleuchtung und den Betrieb einer Trinkwasserpumpe installierten wir eine Fotovoltaikanlage und für das Warmwasser einen Sonnenkollektor. Wenn ringsum das ganze Dorf im Dunkeln lag, war unser Schulhaus hell erleuchtet. Die Leute staunten und fragten uns, wie das denn ohne ein lärmendes und stinken-

Das Klassenzimmer

des Dieselaggregat möglich sei. Noch mehr staunten sie, als das Licht beim Treppenaufgang beim Vorbeigehen automatisch einschaltete und selbstständig wieder löschte. Das gab sogar Gesprächsstoff auf dem Markt und alle wollten wissen, wie teuer der Sensor sei. Ich wich aus und sagte, dass ich den Preis vergessen hätte, denn der hohe Betrag hätte wieder zu Spekulationen Anlass geben können. Ein paar Tage später kam der Nachtwächter zu mir und erzählte aufgeregt, dass mitten in der Nacht die Beleuchtung angegangen sei. Er sei hingerannt, weil er dachte, ein Einbrecher sei am Werk, aber beim Treppenaufgang habe nur ein Hund auf einer Teppichvorlage geschlafen. Ob denn ein Hund das Licht auch einschalten könne, fragte er erstaunt.

Für die klimafreundliche Bauweise und den energieunabhängigen Betrieb der technischen Schule und der Trinkwasserversorgung wurde Shanti-Schweiz im Jahre 2009 sogar mit dem Schweizerischen Solarpreis ausgezeichnet.

Fotovoltaikanlage

Das Trainingscenter diente von nun an nur noch als Unterkunft für die Studenten. Aufgrund der guten Erfahrungen mit der solarbetriebenen Trinkwasserpumpe im Schulhaus kauften wir eine weitere für das Trainingscenter. Die Firma Rahimafrooz schickte für deren Inbetriebnahme eigens einen Ingenieur aus Dhaka zu uns, weil wir dazu nicht befugt waren. Für ihn eine anstrengende Tagesreise mit dem Bus und davon musste er sich anderntags bis zur Mittagszeit erholen. Erst dann begann er mit seiner Arbeit. Der gute Mann hatte keine Ahnung und gab nur Befehle. Selbstherrlich nahm er kein Werkzeug in die Hand. Mehrere Male schnauzte er die Lehrlinge an und liess von ihnen die Wasserleitung

Warmwasser-Kollektoren

abschrauben und wieder montieren – aber die Pumpe lief nicht. Ich sah rasch, dass es ein elektrisches Problem war, und gab ihm den Hinweis. Er glaubte mir nicht. Als zwei Tage später die Pumpe immer noch nicht funktionierte, hatte ich die Nase voll. Den Studenten erklärte ich, was das Problem sei. Sie verstanden auf Anhieb. Einer machte sich gleich am Schaltschrank zu schaffen und setzte eine Drahtbrücke ein. Zwei Minuten später lief die Pumpe und ein beachtlicher Wasserstrahl spritzte an die Oberfläche. Kein Wunder, dass die Burschen hinter seinem Rücken schadenfreudig grinsten.

Bei Stromausfall gibt es Licht durch solar aufgeladene Batterien.

Enttäuschungen blieben mir nicht erspart – am Boden zerstört

Auf der Ostseite unseres neuen Schulhauses legte Idris mit den Studenten einen prachtvollen Blumengarten an, der jedem Gärtnermeister zu Ehren gereicht hätte. Vom Balkon aus sah man direkt auf ein Blumenbeet, in welchem das Wort DESI durch einen bunten Blumenreigen dargestellt war. Die Besucher waren davon so sehr eingenommen, dass sie fast die Schule und den zweiten Lehrer Tobir vergassen. Neid war damit vorprogrammiert. Und der hatte schon viel Unheil bei Arm und Reich angerichtet und scheint weltweit eine negative, menschliche Eigenschaft zu sein. Ich hatte schon längst festgestellt, dass sie einander auswichen und ihr Verhältnis zueinander immer schlechter wurde. Idris schimpfte über Tobir und liess kein gutes Haar an ihm. Der aber schwieg und frass den Ärger in sich hinein. Der ganze Schulbetrieb litt darunter. Ich hegte immer mehr den Verdacht, dass Idris als Schulleiter überfordert war. Der Unterricht wurde von ihm ungenügend vorbereitet und er jagte bald jeden Tag die Lehrlinge in den Garten, um die Zeit auszufüllen. Irgendwann hatte ich genug und sagte zu ihm in bestimmendem Ton: «Es ist deine Schule und du hast die Aufgabe, Elektriker und nicht Gärtner auszubilden.»

In einem kleinen Dorf wie Rudrapur funktioniert das Buschtelefon[47] noch sehr gut. Der wöchentlich stattfindende Markt ersetzt die Zeitung. Dort werden Neuigkeiten ausgetauscht, aber auch Gerüchte gestreut. Plötzlich machte ein solches die Runde: «Die Schule wird nach zwei Kursen wieder geschlossen.» Auch eine weitere noch viel schlimmere üble Nachrede wurde herumgeboten: Idris hätte bei einer Abrechnung betrogen.

Das konnte und wollte ich nicht glauben, denn ich hatte ihn als zuverlässigen und grundehrlichen Menschen kennengelernt. Er selber war, als er von diesem Gerücht

---

47 Nicht gegenständliche, aber bestens funktionierende Einrichtung, durch die Neuigkeiten (ob wahr oder unwahr) ohne Verzug weitererzählt werden bzw. die Runde machen

hörte, im Innersten tief getroffen und weinte sogar. «Mit diesem Verdacht kann und werde ich hier nicht mehr weiterarbeiten können. Ich kündige!» «Dem Geschwätz glaube ich kein Wort. Du hast mein volles Vertrauen», versicherte ich ihm. Nach langen Diskussionen versprach er mir in die Hand, dass er bleiben würde.

Inzwischen war mein Visum abgelaufen und ich musste zurück nach Dhaka. Kaum war ich dort eingetroffen, als ich erfahren musste, dass Idris doch gekündigt hatte. Er würde seinen Dienst per sofort einstellen. Ich rief ihn an, konnte ihn aber nicht mehr umstimmen. Das war eine arge Enttäuschung für mich. Und dann traf noch eine weitere Hiobsbotschaft ein: Vom Schulleiter Prodip erfuhr ich, dass Tobir, der Praktikumslehrer, und Uttam 1 vom Materialmagazin ebenfalls die Schule verlassen wollten.

«Was habe ich denn falsch gemacht und wo habe ich versagt?», wollte ich von Prodip wissen. Er jedoch meinte nur: «*No problem,* es ist alles nicht deine Schuld. Dipshikha wird die Stellen schnell wieder ausschreiben.» «Kein Problem», sagst du, «dabei habe ich doch viel Zeit und Energie gerade in die Weiterbildung der Lehrer investiert. Wenn die Klasse jetzt auseinanderfällt, ist dies der Todesstoss für die Schule.»

Nun stand ich wirklich vor einem Scherbenhaufen und hätte weinen können. Schlussendlich gelang es mir, Tobir und Uttam 1 dazu zu bewegen, wenigstens noch für die nächsten zwei Monate den Unterricht weiterzuführen. Ich versprach ihnen, so rasch wie möglich wiederzukommen.

Zu Hause in der Schweiz rief mich Hans Junginger, ein ehemaliger Arbeitskollege, an. «Im *Neu Technikum Buchs (NTB)* wird in den nächsten Tagen Material entsorgt. Hättest du Interesse daran?» – Als ich das einzigartige technische Lehrmaterial sah, kamen mir fast die Tränen. Dieses Mal aber vor Freude. Ich war froh, zufällig (oder eben nicht zufällig) zu Hause zu sein, denn es blieben mir nur zwei Tage, um es vor dem Schredder zu bewahren. In über zwanzig grossen stabilen Kartons, alles sorgfältig verpackt, schickte ich Sämtliches auf die Reise zum Schiffshafen in Chittagong. Dort musste ich dann einige Zeit später einmal mehr mit der Korruption der bengalischen Zöllner Bekanntschaft machen. Diese sind wahrhaftig Weltmeister darin, den Leuten auch noch das letzte Geld abzuknöpfen. Das Lehrmaterial, ein Geschenk an die Jugend von Bangladesch, wurde vorerst ganze neun Monate im Lager behalten. Wir mussten zudem mehrere Male Schmiergeld bezahlen und zu guter Letzt wurden uns obendrein noch Lagergebühren verrechnet. Von den Beamten wurden sämtliche Kartons geöffnet und das Material unverpackt wieder zurückgeschmissen. Die Polsterung warfen sie einfach weg. Einige Messinstrumente gingen dabei zu Bruch.

Doch niemand regte sich darüber auf. Und trotzdem: Das Gefühl der Ohnmacht gegenüber den Beamten und ihr Desinteresse an der Schule machte mich wütend. Ich fragte mich einmal mehr, warum ich überhaupt in Bangladesch war. Ich knnte ja gerade so gut zusammen mit meiner Frau den Ruhestand in der Karibik unter Palmen geniessen. Das wäre doch viel einfacher. Wenn mich jeweils solche Zweifel plagten, sagte ich mir: Du machst es für die Ärmsten, die vom Schicksal nicht bevorzugt sind.

Den Lehrlingen erteilte ich den Auftrag, alles Material auszupacken und auf der Werkbank auszubreiten. «Das papierene Verpackungsmaterial und die zerknüllten Zeitungen könnt ihr danach verbrennen», sagte ich. Als ich zurückkam, waren sie eifrig damit beschäftigt, die Zeitungen zu glätten. «Was macht ihr denn da?», fragte ich erstaunt. «Wir können das

Beim Zoll ging einiges zu Bruch.

Die Lernenden packen aus ...

... und bereiten die Zeitungen zum Verkauf vor.

175

Bündel von einem Kilo für 30 Taka (zirka 35 Rappen) auf dem Markt verkaufen.»
Nun musste ich doch ein wenig schmunzeln. In Bangladesch wird vieles noch offen
verkauft und in Zeitungspapier gewickelt oder in vorgefertigte Tüten aus eben diesem
Zeitungspapier gesteckt. Es ist eine sinnvolle Verwendung und auf alle Fälle besser
als die vielen Plastiksäcke, die über Jahrzehnte hinweg in unseren Einkaufszentren in
Gebrauch waren.

Bei allem Hin und Her – es gab doch auch immer wieder den einen oder anderen
Lichtblick. So rief mich eines Tages Alfred Gläser an, ein Fachlehrer für Elektriker.
Er war sehr an unserem Projekt interessiert und so vereinbarten wir ein Treffen im
Bahnhofbuffet in Zürich. Unsere Zusammenkunft kam eigentlich durch ein Missver-
ständnis zustande, denn Alfred war der Meinung, dass unser Projekt in Indonesien
laufen würde und nicht in Bangladesch. Dennoch reisten wir zwei Monate später gemeinsam nach Rudrapur. Alfred hatte wertvolles Elektromaterial im Gepäck, das er
für die Ausbildung mitbrachte.

Wir kamen gerade zur rechten Zeit an, denn in der Schule ging es drunter und
drüber. Die Lehrlinge machten gerade das, was sie wollten. Wir hatten die grösste
Mühe, die bisherige Ordnung wieder herzustellen. Alfred übernahm zusammen mit
Shunirmal, einem Lehrling vom ersten Kurs und anschliessend Mathematikstudent
in Dinajpur, den Unterricht. Dieser übersetzte die Lektionen von Alfred und brachte
den Schülern Mathematik bei.

Inzwischen waren fünfzehn Bewerbungen für die Lehrerstelle eingegangen. Deshalb reiste ich für ein paar Tage zum Dipshikha-Office nach Dinajpur, um mich um
die Kandidaten zu kümmern. Aufgrund der Tests und der anschliessenden Gespräche
sagte ich zu Prodip: «Bis jetzt eignet sich keiner auch nur annähernd für diese Stelle.» Es war einmal mehr zum Verzweifeln.

Roman traf verspätet als letzter Bewerber aus seiner Heimat Khulna im Süden von
Bangladesch ein. Er hatte wohl die längste Anfahrt aller Kandidaten. Als ich seine Prü-
fungsarbeit in den Händen hielt, stand für mich fest: Das ist er! Meine Begeisterung
wurde im persönlichen Gespräch mit ihm zwar etwas gedämpft, als er uns offen mitteilte, dass die Stelle für ihn nur ein Sprungbrett sei. «Ich habe mich beim Staat um Arbeit
beworben und warte nur noch auf den Bescheid.» Aber wir wählten ihn trotzdem,
wenn wohl auch nur auf Zeit, wie ich meinte. Roman ist jedoch bis heute geblieben.

Mit der Wahl des Praktikumslehrers hatten wir allerdings weniger Glück. Dieser war weder fachlich kompetent noch teamfähig. Und so mussten wir diesen nach drei Monaten wieder entlassen. Als sehr geschickter Handwerker hat sich umso mehr Uttam 1, der Magaziner, hervorgetan. Deshalb wählten wir ihn für den praktischen Unterricht. Die dadurch freigewordene Stelle besetzten wir ebenfalls mit einem ehemaligen Lehrling gleichen Namens. Wir nannten ihn ganz einfach Uttam 2.

Roman hat geheiratet und wohnt mit seiner Frau und der gemeinsamen Tochter in einer Wohnung über dem Materialmagazin. Er organisierte den Schulbetrieb neu. Seitdem herrscht Disziplin und Ordnung. Um den Kontakt mit den Familien zu pflegen, führte er einen Elterntag ein. Auch hat er vielen Lehrlingen zu einer Arbeitsstelle in Bangladesch verholfen. In der ersten Zeit getraute er sich nicht, selbst Entscheide zu fällen und wartete immer ab, bis ich dort ankam. Deutlich gab ich ihm zu verstehen: «Es ist deine Schule und nicht meine.» Ausser wenn es um Geld geht, dann müssen wir uns absprechen.

Rückblickend möchte ich zu Ehren von Idris und Tobir doch noch festhalten, dass ohne die beiden die Gründung der Schule nicht möglich gewesen wäre. Idris war der richtige Mann für den Start. Er sorgte für Disziplin und Ordnung und half mit, den Stundenplan zu gestalten. Tobir wiederum hatte den praktischen Unterricht gut im Griff.

Mit Shunirmal erlebten wir später eine arge Enttäuschung, obwohl ich ihn zu kennen geglaubt hatte. Sein

Roman und Zilmil

177

Studium wurde privat aus einer Patenschaft finanziert. Als er die Semesterprüfung nicht bestand, verschwieg er uns dies und bezog weiterhin Stipendien und gönnte sich ein süsses Leben, bis der Betrug aufflog. Von seinem Bruder erfuhr ich später, dass er zu seinem Onkel nach Indien gezogen war.

Licht für Adivasi

Sehr enttäuscht hat uns ein Professor von der technischen Universität von Dinajpur. Er unterrichtete dort Alternativenergien. Am Rande dieser Stadt befindet sich ein kleines Adivasi-Dorf. Das zuständige Elektrizitätswerk verweigerte den 24 Lehmhütten einen Stromanschluss. Dieser Professor hatte Kontakt mit Roman und machte ihm den Vorschlag, gemeinsam ein Projekt für eine solare Stromversorgung für dieses Dorf auszuarbeiten. Ich war hoch erfreut, dass eine Universität mit uns zusammenarbeiten wollte. An der ersten und leider letzten Sitzung kamen auch die Finanzen zur Sprache. Er bat uns, Geld vorzuschiessen, da seine Abteilung kein Budget für dieses Projekt habe. Gutgläubig überwiesen wir einen grossen Betrag. Als wir nach drei Wochen wissen wollten, wie es mit dem Projekt weitergehen sollte, war der Herr nicht mehr zu erreichen. Er weilte zu diesem Zeitpunkt bereits in Japan – abgehauen mit unserem Geld. Wir konnten das Projekt dann doch noch realisieren, ohne Unterstützung der Hochschule. Profitiert haben nicht nur die Adivasi, sondern auch unsere Lehrlinge. Die umfangreiche Anlage hatten wir gemeinsam im Unterricht durchgerechnet und geplant. Anschliessend durften sie als Praktikanten sämtliche Installationsarbeiten selbst ausführen.

Vorbesprechung im Adivasi-Dorf

Montage der Panels

Ladegerät und Batterie

Hausaufgaben können am Abend gemacht werden.

Licht im Hof

Installationen im Haus durch Lernende

Einweihung

Einsatz von Zivildienstleistenden

Als ich anlässlich einer Lehrabschlussfeier im Jahr 2013 bei uns im St. Galler-Rheintal ein paar Bilder zeigen und kommentieren durfte, sass auch David Sprecher, ein frischgebackener Elektriker, in den Reihen der Zuhörer. Ein paar Tage später rief er mich an und fragte, ob er bei uns seinen Zivildienst absolvieren könne. Er war ein Wehrdienstverweigerer und deshalb dazu aufgefordert worden, einen entsprechenden Zivildienst abzuleisten. «Die Chancen sind klein, um eine Bewilligung dafür zu bekommen», sagte ich, «denn es geht hier um einen Auslandseinsatz. Aber wir können es ja trotzdem versuchen.» Das Verfahren zog sich in die Länge. Schliesslich wurden wir aber als *Einsatzbetrieb* anerkannt und erhielten die Bewilligung, um Schweizer Zivildienstleistende in Bangladesch einzusetzen.

David ist in Salen, einem kleinen Weiler auf 1000 Metern über Meer am Grabserberg, in einer Bauernfamilie aufgewachsen. Mit dem Postauto erreicht man den nächstgrösseren Ort Buchs in etwa zwanzig Minuten. Buchs ist heute eine Stadt mit über 13'000 Einwohnern. David hatte keinerlei Auslandserfahrung und so entschloss ich mich, ihn für die erste Zeit zu begleiten. Nebst der sozialen Tätigkeit war bei ihm bestimmt auch etwas Abenteuerlust mit dabei. Wir setzten das Abreisedatum fest, damit Angestellte von Dipshikha uns im Flughafen in Dhaka abholen konnten.

Der Flug via Dubai mit dem Riesenflieger A380 war ruhig und angenehm. Besonders erfreulich war für uns auch, dass wir im Anschluss an die Landung unser Gepäck bereits innerhalb einer halben Stunde in Empfang nehmen konnten, denn ich hatte auch schon vier Stunden gewartet. Doch diesmal ging alles viel, viel schneller.

Vergeblich hielt ich beim Flughafenausgang Ausschau nach dem Dipshikha-Auto. Verunsichert schaute ich in die Runde. Mir fiel ein Stein vom Herzen, als ich Jahid uns zuwinken sah. Er begrüsste uns mit traditionellen Blumenkränzen und hiess uns einsteigen – in ein Krankenauto. Auf meine Frage, was eigentlich los sei, sagte er nur: «Ich erzähle es dir auf der Fahrt.» Und ab ging die ‚Post', mit Blaulicht und Sirene.

Dhaka gilt als eine der chaotischsten und lautesten Städte der Welt. Doch heute sah man keine Autos. Auch keine Taxis. Und ebenfalls keine Rikschas. Des Rätsels Lösung: Am Vorabend war ein Generalstreik ausgerufen worden. Und deshalb durfte nun niemand mehr auf die Strasse – ausser der Ambulanz. Jahid, dieser Pfiffige, hat deshalb kurzentschlossen einen Krankenwagen samt Chauffeur geordert.

In den nachfolgenden Tagen, als alles wieder wie gewohnt ablief, kamen wir nicht darum herum, uns in das Verkehrsgewühl zu stürzen, um in der Altstadt technisches Material einzukaufen. David hatte sich bereits Arbeiten ausgedacht, die er mit den Lehrlingen ausführen wollte. In Old Dhaka findet man fast alles. Die Marktstände waren für uns eine Augenweide mit dem überquellenden Angebot an elektrischen Apparaten und Elektromaterial. Abends kehrten wir, etwas benommen von diesen vielen Eindrücken und dem dazugehörenden Lärm, todmüde und mit Kopfschmerzen zurück.

Anderntags fuhren wir mit einem öffentlichen Bus weiter nach Rudrapur. Die zehnstündige Fahrt schüttelte nicht nur das Material durch. Auch unsere Schädel schmerzten schon unterwegs. Die letzte Wegstrecke legten wir mit einer sogenannten Bän zurück. Diese Art von Riksha hat keine Sitze, dafür eine Brücke für den Materialtransport. Die mit tiefen Löchern übersäte Strasse, wohl eher ein Lehmweg, war beidseitig durch eine Baumallee gesäumt. Obwohl der Riksha-Fahrer versuchte, den vielen Schlaglöchern auszuweichen, wussten wir kaum noch, wie wir sitzen sollten. Das Steissbein schmerzte und die Vollgummireifen des Vehikels waren meinem Rücken und dem Nacken auch nicht gerade dienlich.

Der nächste Tag war für uns ein Ruhetag. Doch bald schon klagte David über Magenschmerzen. Ich reichte ihm Tabletten, die wohl die Schmerzen lindern konnten, jedoch nicht die Ursache behoben. Diese war nämlich ganz anderer Art. Heimweh, gepaart mit einem kleinen Kulturschock wäre wohl die richtige Diagnose gewesen. Es schlug ihm buchstäblich auf den Magen. Ich hatte volles Verständnis dafür, denn die vielen neuen Eindrücke mussten erst einmal verkraftet und verdaut werden. Zwei Tage später stand David aber wieder vor mir und meinte: «Mir ist wieder wohl und ich möchte gerne mit der Arbeit beginnen.» «Da bin ich aber froh, dass es dir wieder gut geht. Du hast den Kulturschock aber schnell überwunden», sagte ich zu ihm. David begann zu schmunzeln und meinte: «Weisst du, es ist nicht der erste, den ich erlebt habe.» Ich verstand ihn nicht ganz. «Aber du warst doch noch gar nie im Ausland», sagte ich zu ihm. Er aber setzte nun ein breites Grinsen auf und sagte: «Ja weisst du, den ersten Kulturschock hatte ich, als ich vom schönen Grabserberg hinunter zur Stadt Buchs in die Sekundarschule gehen musste.» – Als Buchser verstand ich den Scherz natürlich und wir mussten beide lachen.

Deutlich weniger zu lachen hatte Kalesh, ein ehemaliger Lehrling, der mich zu dieser Zeit verzweifelt anrief. Er weinte bitterlich und erzählte mir stockend sein Schicksal. Im Anschluss an seine Ausbildung bei uns hatte er als Betriebselektriker bei der Firma Pepsi Cola gearbeitet, hatte dort ein gutes Einkommen und war die Hoffnung für seine kränkelnden Eltern. Eines Tages spürte er plötzlich unerträgliche Schmerzen im Unterschenkel und musste einen Arzt aufsuchen. Dieser schickte ihn in ein amerikanisches Spital nach Kalkutta, Indien. Seine Eltern mussten eine Kuh verkaufen, um

Kalesh mit seiner neuen Prothese

die Reise und das Spital zu bezahlen. Doch der Befund war niederschmetternd: Krebs. Sein Unterschenkel musste amputiert werden. Diese Operation wurde dann in Bangladesch ausgeführt.

Er war total verzweifelt und meinte unter Tränen: «Ich weiss einfach nicht mehr, wie es weitergehen soll. Meine Eltern können weder die Operation noch die Prothese bezahlen. Sie

Die Kalesh-Familie

183

haben ja gar nichts mehr.» Da erinnerte ich mich an das Lepraspital von Dr. Negrini in Nilphamari, das ich vor ein paar Jahren besucht hatte. Damals konnte ich zuschauen, wie in der hauseigenen Werkstatt Prothesen hergestellt wurden. Als ich ihm versicherte, dass wir ihn morgen besuchen und eine Lösung finden würden, beruhigte er sich. Und so fuhren David und ich am nächsten Tag zu ihm hin und weiter in dieses Lepraspital, nicht weit weg von seinem Zuhause. Ein paar Wochen später erhielt er seine Prothese und die Eltern durften sich auf dem Viehmarkt eine Kuh auf Kosten von Shanti-Schweiz aussuchen. Zudem hatte er auch Glück, dass sein ehemaliger Arbeitgeber, die Firma Pepsi Cola, sozial eingestellt war und ihn weiterhin beschäftigte. Später hat er sich selbstständig gemacht, führt Reparaturen aus und verkauft Elektromaterial.

Das Schicksal des jungen Mannes und seiner Familie, die unverschuldet in grenzenlose Armut geschlittert waren, hatte David sehr berührt. Ganze sechs Monate stellte er sein Können und Fachwissen der Schule zur Verfügung. Geprägt durch dieses Erlebnis konnte er sich gut in die Armut einfühlen. Er war wohl der Erste, aber bis heute längst nicht der einzige junge Mann, der seinen Zivildienst in Bangladesch absolvierte. Und sie alle unterstützten ihren Begabungen und Talenten entsprechend die Ausbildung. Jeder hatte einen bestimmten Auftrag zu erfüllen. Alle waren ausserordentlich beliebt und leisteten sehr gute Arbeit. Solche Zivildienst-Einsätze sind für beide Seiten eine Bereicherung und tragen viel zur Menschenverständigung bei.

David Sprecher, 2014

Nun musste ich – diesmal ohne die Begleitung meines jungen Zivildienstleistenden – wieder zurück nach Dhaka. Dort übernachtete ich im gleichen Zimmer und im gleichen Bett wie schon damals. Und wieder träumte ich von meiner Lieblingskatze Teddy. So lief von mir weg. Und als ich ihr zurief, dass sie zu mir zurückkommen solle, schaute sie zurück und gab mir deutlich zu verstehen: «Ich gehe jetzt, du brauchst mich nicht mehr.» Und wieder war ich hellwach. Halluzinationen? Wohl kaum, denn ich habe seither nie mehr von ihr geträumt. Das Ganze war irgendwie unheimlich, aber zugleich beruhigend für mich in der Überzeugung, dass der eingeschlagene Weg wohl der richtige war.

Micheal Wipf, 2015

Christian Koster, 2016

Andrin Rietmann, 2017

Reto Purtschert, 2018

Simon Aeschlimann, 2019

Stefan Kaiser, 2019

Tobias Kasper, 2020

Johannes Richert, 2021, der erste Freiwillige

Timon Fanac, 2022

Zusammenarbeit mit Caritas

Ich war gerade mit dem Unterricht an der Schule beschäftigt, als ich ins Office gerufen wurde. Es sei Besuch für mich da. Eine Frau von Caritas Schweiz begrüsste mich auf Schweizerdeutsch. Sie hätte vernommen, dass wir uns mit Solarenergie beschäftigen und auch die Studenten darin unterrichten würden. «Caritas möchte in Bangladesch Bewässerungspumpen einführen, die nur mit Solarenergie betrieben werden», meinte sie. Das System sei an der Hochschule in Biel entwickelt worden. Caritas würde gerne mit uns zusammenarbeiten und uns die Inbetriebnahme und den Unterhalt der Anlagen für Bangladesch übertragen. «Wir haben leider bis jetzt nicht mit allen Pumpsystemen gute Erfahrungen gemacht», erwiderte ich. «Ich möchte deshalb das Produkt erst begutachten, bevor ich unserer NGO-Dipshikha einen Vorschlag mache. «Auf alle Fälle. Sie können gerne unsere Produktionsstätte besuchen», meinte

die Frau von Caritas. Allerdings befände sich diese weit weg von hier im Süden Indiens in Bangalore. «Das ist allerdings nicht vor der Haustür», sagte ich, «aber ich werde dennoch meine nächste Heimreise über Kalkutta planen und dort einen Abstecher zu dieser Firma machen.»

Aber wer sollte auf diese Pumpen geschult werden? Selbstverständlich unsere beiden Lehrer Roman und Uttam 1. Aber wo? Caritas meinte, das sei nur in Biel möglich. Sie würden sich selbstverständlich um die Visa-Erteilung kümmern. Das war dann doch

Besuch in Bangalore, wo die Pumpen produziert wurden

Uttam 1 in der Hochschule in Biel

nicht so einfach. Erst als ich persönlich die Verantwortung übernahm, wurde unter strengen Auflagen die Einreisegenehmigung erteilt.

Ganze zehn Tage wurden sie im Technikum Biel in Elektronik und Mechanik intensiv geschult. Die Ausbilder waren voll des Lobes über den Fleiss und das Interesse von Roman und Uttam 1.

Der Zufall wollte es, dass just zu dieser Zeit einer der schneereichsten Winter der letzten Jahre einsetzte. Als ich sie für ihre Rückreise in Biel abholte, lag die Landschaft tief verschneit vor uns und wir mussten zuerst mein Auto ausbuddeln. In Bangladesch ist es das ganze Jahr grün. Dieses erste Erlebnis mit dem Schnee ist ihnen schockartig eingefahren und hat sie zutiefst beschäftigt. Da tauchten doch einige besondere Fragen bei ihnen auf: «Was fressen die Kühe, die Schafe und die Ziegen, wenn alles verschneit ist?» Oder: «Wo wachsen im Winter Kartoffeln, Mais und Weizen?» Zudem: «Wohin fliesst das Wasser, wenn der Bach zugefroren ist?» Und: «Warum ist deine Wohnung warm, wenn es draussen kalt ist und schneit?»

Beim Werdenbergersee

Besichtigung der Solaranlage auf dem Vorderberg, Buchserberg

Die beiden Lehrer erzählen ihren Studenten noch heute gerne einiges über ihren Aufenthalt in der Schweiz. Sie erwähnen aber auch, dass sie keineswegs ein Schlaraffenland angetroffen hätten, und auch, dass bei uns hart gearbeitet werden müsse.

Paturia – die Gründung einer zweiten Schule

Meine nächtlichen Erlebnisse in Paturia, dem Heimatdorf von Jahid, hatte ich noch nicht ganz vergessen. Abermals lud er mich ein, ihn dorthin zu begleiten. Mit einem verschmitzten Lächeln merkte er an, dass jetzt für Gäste aus dem Westen ein Wasserklosett zur Verfügung stehe, und meinte: «Selbstverständlich nicht im Freien.»

War seine Einladung reine Gastfreundschaft? Oder steckte mehr dahinter? Vielleicht wollte er mir die Gründung einer zweiten Elektrikerschule schmackhaft machen, schoss es mir durch den Kopf. Jahid hatte ja beim Aufbau in Rudrapur nicht nur mitgewirkt, nein, der Vorschlag, dort eine Elektrikerschule ins Leben zu rufen, kam sogar von ihm. Nach zwei Kursen konnte er direkt miterleben und sehen, dass Elektriker gesuchte Fachleute sind und in Bangladesch alle Absolventen unserer Schule einen Job gefunden hatten.

Ich täuschte mich nicht, denn schon bald unterbreitete er mir einen Kostenvoranschlag für den Bau einer zweiten Schule – eben in seinem Heimartdorf Paturia. «Aber wie sollen wir eine zweite Schule finanzieren, etwa mit Hosenknöpfen?», scherzte ich. «Du kannst diese Idee gleich wieder vergessen! Und ausserdem werde ich keine zweite Schule gründen, da muss ich dich leider enttäuschen, lieber Jahid», sagte ich zu ihm. «Wenn du und deine Leute der Ansicht seid, dass es ein gutes Projekt ist, dann gründet selbst eine solche. Ein Beispiel habt ihr ja. Meine Unterstützung ist euch sicher, aber ich werde nicht der Gründer sein.»

Thomas Marzini, ein Volontär, den ich vor ein paar Jahren in Dhaka kennen lernte, reiste zusammen mit seinem Vater Otwin nach Bangladesch. Weil sie an unserer Schule Gefallen fanden, versuchte Jahid, die beiden ebenfalls für sein Vorhaben zu begeistern – und hatte Erfolg. Zu Hause im bayrischen Burgkirchen gründeten sie gemeinsam mit weiteren Interessierten den Verein Shetu e.V.[48] Als Mitglied schrieb sich auch der Architekt Stefan Ackermann ein.

_____

48 Shetu = Brücke. Mehr Infos über diese Arbeit gibt es unter www.shetu.de.

Nun versuchte es Jahid erneut bei mir und überbrachte mir einen neuen Kostenvoranschlag, der jedoch erheblich höher war als der erste Vorschlag. «Unmöglich», war mein kurzer Kommentar. Ein paar Tage später erhielt ich dann aber von einem Unternehmer aus heiterem Himmel eine E-Mail mit der Bemerkung, dass wenn es eine zweite Schule geben sollte, ich auf seine Unterstützung zählen könne. Wieder ein grosser Zufall! Oder vielleicht eben doch nicht?

An einer Raststätte in Deutschland sassen wir zu einer Koordinationssitzung zusammen. Stefan Ackermann präsentierte uns bereits Ideen und legte Skizzen vor, wie der Campus[49] aussehen könnte. Wir alle staunten und waren begeistert von der wunderschönen Architektur. In Bangladesch müssen zusätzliche Faktoren beim Bau berücksichtigt werden wie das feuchte Klima, die Regenzeit, die Erdbebensicherheit und der sandige Untergrund. Bangladesch ist Schwemmland und bis in grösste Tiefen findet man keinen Kies, sondern nur Sand, Lehmschichten und nochmals Sand. Die Fundation muss dementsprechend stabil und tragfähig sein.

Um gegen Überschwemmungen des nahen Flusses geschützt zu sein, wurde das ganze Areal aufgeschüttet. Dazu wurden Unmengen von Sand herangekarrt. Bis dato

durfte der Sand kostenlos vom Flussbett geholt werden, das in jeder Regenzeit wieder aufgefüllt wurde. Zu unserem Pech trat jedoch ein paar Monate vor Baubeginn ein Gesetz in Kraft, das dem Staat das Monopolrecht auf Sand einräumt. Eine Entnahme von Privaten wurde somit kostenpflichtig.

Das Fundament ist ein Raster aus Betonsäulen und Querträgern. Darauf wurde eine riesige Stahlkonstruktion durch Spezialisten einer Firma aus Dhaka gesetzt. Alle übrigen Arbeiten wurden von Fachleuten und Hilfs-

Betonskelet und Stahlkonstruktion

---

49 Gesamtanlage einer Hochschule

arbeitern aus der Umgebung verrichtet. Die Schreiner fertigten direkt vor Ort Tische, Stühle, Schulbänke und Betten an. Alle Handwerker lebten, assen und schliefen auf der Baustelle. Die Leistungen, die mit minimalem Maschinenaufwand erbracht worden waren, entlockten uns ein Staunen.

Möbel werden vor Ort hergestellt.

Schliesslich konnte der Unterricht am 1. Januar 2020 mit 29 Lernenden, davon vier Frauen, gestartet werden. Kurz nach der Eröffnung musste der Betrieb wegen Covid 19 für ein paar Monate unterbrochen werden. Besonders stolz sind wir jedoch darauf, dass wir nun auch Frauen zu Elektrikerinnen ausbilden dürfen, aber auch darauf, dass für den Computerunterricht eine Frau gefunden wurde. Die Verantwortli-

Solaranlage auf dem fertigen Hauptgebäude

chen sind während der Corona-Zeit nicht untätig geblieben. Sie haben beide Schulen beim Staat registrieren lassen. Ende der Ausbildung erhalten die Lehrlinge somit ein staatlich anerkanntes Zeugnis, was wiederum wertvoll für die Stellensuche ist.

Fertiger Campus 2022

Praktische Übungen

Die Lernenden halfen bei den Elektroinstallationen.

Theoretischer Unterricht

Besondere Aufsteller

«Prophezeiungen», dass Lehrer zu finden kein Problem sei und die Solarenergie in Bangladesch keine Chance hätte, haben sich nicht erfüllt. Ebenso hat sich die Voraussage nicht erfüllt, dass wir mit vier bis fünf Abgängen in jedem Kurs rechnen mussten. Ein Einziger hat nach zwei Semestern die Schule verlassen und das auch nur, weil er eine Arbeitsstelle in Malaysia in Aussicht hatte.

Wie kann der Erfolg eines Hilfsprojektes nachgewiesen werden? Bei einem landwirtschaftlichen Projekt oder bei einer Fisch- oder Garnelenzucht ist dies einfach. Er kann mit nüchternen Zahlen und mit einer einfachen Bilanz dokumentiert werden. Bei unserer Elektrikerausbildung ist ein Nachweis schon schwieriger. Erst nach der Ausbildung und mit einer Anstellung bei einer Firma setzt eine Art Schneeballeffekt ein, bei welchem letztendlich mit dem verdienten Geld auch weitere Angehörige aus diesen vorwiegend armen Familien unterstützt werden. So konnten auch viele Geschwister mit Hilfe unserer Absolventen eine Ausbildung machen und in der Folge davon eine eigene Familie gründen und waren nicht gezwungen, auszuwandern, um im Ausland ein Einkommen zu suchen.

Ganz besonders freue ich mich darüber, dass wir in Rudrapur bereits im ersten Kurs – wie erwähnt, Ghour, einen Adivasi – aufnehmen durften. Er gehört zum Urvolk der Marma. Anfangs war ich skeptisch, ob er die Ausbildung überhaupt schaffen würde, denn seine Muttersprache war eine Stammessprache. Er war zusammen mit seinem Bruder in allerärmsten Verhältnissen aufgewachsen. Der Vater war Taglöhner und Rikschafahrer. Zu meiner grossen Überraschung entwickelte er sich zu den Klassenbesten, war überaus fleissig, sozial eingestellt und hatte geschickte Hände für praktische Arbeiten. Kurz vor seinem Lehrabschluss verstarb sein Vater an einem Hirnschlag.

Für den zweiten Kurs waren wir in verschiedenen Dörfern unterwegs, um Prüfungen der zukünftigen Studenten abzunehmen. In Tarash klopfte jemand an die Tür und eine dunkle, hagere Frau trat zaghaft über die Schwelle. Obwohl ich sie noch nie gesehen hatte, erkannte ich in ihr sofort die Mutter von Ghour. Scheu erkundigte sie sich nach mir. Sie sei gekommen, um dafür zu danken, dass ihr Sohn Elektriker lernen durfte. Still, wie sie gekommen war, trat sie wieder den Heimweg an. Erst jetzt sah ich, dass sie barfuss unterwegs war. Nur um uns dankeschön zu sagen, hatte sie einen langen Marsch unter die Füsse genommen. Beeindruckt von so viel Demut wünschte ich am andern Tag, sie zu besuchen. Sie wohnte in einer armseligen, halbverfallenen Hütte. Ein paar Hühner gackerten in einem Gehege und eine Ziege meckerte, weil sie angebunden war. Und schon scharten sich Nachbarn und neugierige Kinder um uns. Die Frau entschuldigte sich, dass sie uns nicht einmal einen Tee anbieten konnte – sie hatte nichts, einfach nichts. Selten habe ich eine solche Armut gesehen. Die Frau war eindeutig unterernährt. Unter den neugierigen Blicken war es mir nicht möglich, ihr für das Allernötigste etwas Geld zu geben. So beauftragte ich den Aeriamanager von Dipshikha, ihr beim nächsten Besuch einen Betrag auszuhändigen. Ghour machte seinen Weg und bekam eine Stelle an einem technischen Institut als «Practical instructor». Sein Geschick fürs Praktische und sein Improvisationstalent kamen ihm zugute. Nun war es ihm auch möglich, seinem Bruder das Arztstudium zu finanzieren. Erst Jahre später besuchte er mich in Dhaka und stellte mir seine Frau vor. Lange hatte er auf sein eigenes Glück verzichtet. Seine Angehörigen waren ihm wichtiger als sein Privatleben.

Was wir dort machen, ist für die Welt nichts, aber für die Eltern ist es die Welt.

Überrascht wurde ich von Nuramin, einem Studenten aus dem ersten Kurs. Er arbeitete ein paar Jahre bei der Firma Bosch und verdiente gut. Mit dem zusammengesparten Geld gründete er eine Familie und dann eine eigene Firma. Mit dem Verkauf von Elektromaterial und der Ausführung von Installationsarbeiten florierte sein Geschäft so gut, dass er nach kurzer Zeit bereits zwei Mitarbeiter einstellen konnte.

Eines Tages überraschte er uns mit einer Zusammenkunft von Ehemaligen unserer Schüler, die untereinander gut vernetzt waren. Mehr als die Hälfte fand sich in Rudrapur ein. Nach seiner Ansprache überreichte er mir einen Brief mit einer Urkunde des neugegründeten Vereins «Studentenvereinigung DESI».

Einladung zum Treffen in Rudrapur | Treffen ehemaliger DESI-Studenten

Im Briefumschlag befand sich ein ansehnlicher Geldbetrag als Startkapital für einen Fond. Ziel sei es, mit dessen Hilfe die Schule finanziell zu unterstützen, bei der Stellensuche zu helfen und Geschäftsgründungen zu fördern. Ein einziger Mann, der eine gute Idee hat und diese mit viel Leidenschaft umsetzt, kann sehr viel Erfreuliches bewirken. Ich war zutiefst beeindruckt von der Selbstlosigkeit und der Dankbarkeit, mit der dieser ehemalige Schüler sich nun dafür einsetzte, dass auch anderen Menschen in seinem Land geholfen werden konnte. Und er tat dies mit einer enorm grossen und ansteckenden Freude. Viele seiner damaligen Mitschüler liessen sich von ihm begeistern und bekräftigten, dass sie diesen Fond unterstützen würden. Und somit bleibt die Hoffnung, dass sich auch hier einmal mehr eine Art Schneeballsystem entwickelt, welches zur gewünschten Folge haben könnte, dass letztendlich diese Schule sich selbst finanziert.

Wenn ich mich in Dhaka oder in Rudrapur aufhalte, werde ich regelmässig von «Ehemaligen» besucht. Die Freude ist dann jeweils gross, zu erfahren, was aus ihnen geworden ist, wo sie arbeiten und ob sie schon eine Familie gegründet haben. Mein schönstes Erlebnis war wohl, als ich von sechs gleichzeitig aus den ersten drei Lehrgängen überrascht wurde. Dabei war auch Kalesh, dem wir mit einer Beinprothese geholfen hatten. Dankbar umarmte er mich und sagte, dass er eine eigene Firma gegründet habe und es ihm und seinen Eltern gut gehe.

Treffen mit sechs Ehemaligen, links von mir befindet sich Kolesh.

Bangladesch im Umbruch

Die Befreiung von Westpakistan 1971 brachte für das junge Land Bangladesch nicht nur die Unabhängigkeit, sondern auch viele Probleme mit sich. Nach dem Freiheitskrieg lag das Land darnieder. Ein grosser Teil der Elite fiel dem Genozid[50] zum Opfer, den die übrige Welt ignorierte. Die Infrastruktur war grösstenteils zerstört. Langsam erholt sich das Land von diesem Aderlass. Das Bildungssystem wird immer besser. Viele Jugendliche ergreifen das Studium und lassen sich zu Wissenschaftlern, Ärzten und Lehrern ausbilden.

Bangladesch wird von den Medien selten erwähnt und wenn, dann meistens mit negativen Schlagzeilen, die Unruhen oder Überschwemmungen zum Thema haben. Dank des Monsuns, der jedes Jahr die Flüsse anschwellen lässt, werden durch örtliche Überschwemmungen wertvolle Mineralien auf die Felder getragen. Gibt es aber während des Monsuns gleichzeitig starke Niederschläge in den Mündungsgebieten der grossen Flüsse, dann vernichten verheerenden Überschwemmungen ganze Ernten. Bangladesch ist mehrheitlich sehr flach. Das Wasser fliesst nach den Überschwemmungen nur langsam ab. Sogar Ebbe und Flut vom bengalischen Meer im Süden haben Einfluss darauf, wie schnell es sich zurückzieht. Wirbelstürme, die durch den Klimawandel immer häufiger auftreten, toben sich vor allem im Süden aus. Wenn der Meeresspiegel durch die Klimaveränderung steigt, so wie es die Klimaforscher prognostizieren, wird viel vom heute bewohnten Land unter Wasser stehen. Millionen werden dann gezwungen sein, ihre Heimat zu verlassen. Als Erste werden wieder die Flüchtlinge aus Myanmar betroffen sein, die auf kleinen Inseln im Süden angesiedelt wurden. Eine der grössten Völkerwanderungen, die die Menschheit je gesehen hat, wird dann einsetzen! Wohin fliehen diese Klimaflüchtlinge? In den Osten? In den Westen? Und wer nimmt sie dann auf? Kriegerische Auseinandersetzungen sind dann unvermeidlich. Ein Horrorszenario!

---

50 Allgemein: Völkermord; gezielte Verfolgung von Bevölkerungsgruppen, die sich durch Sprache, Religion und Tradition von anderen unterscheiden

Fast ganz Bangladesch ist Schwemmland, ohne festen Untergrund. Starke Beben sind nicht häufig, aber auch ein mittelstarkes würde gewaltige Verwüstungen anrichten. Die Gebäude sind alle auf Sand gebaut. Es kommt dazu, dass in grösseren Städten die Hochhäuser dermassen eng beieinanderstehen, dass man dem Nachbarn über den Balkon die Hände reichen kann. Studien ergaben, dass ein starkes Erdbeben den grössten Teil der Hauptstadt Dhaka zerstören würde. Die Wohnsilos würden sich wie Dominosteine gegenseitig umstossen, wobei die laschen Bauvorschriften diesen Effekt begünstigen würden.

Kein Land auf der Welt ist so reich an Süsswasser wie Bangladesch. Riesige Flüsse, gespeist vom ewigen Eis des Himalaya-Gebirges, vereinigen sich im Land und fliessen vereint als mächtiger Strom Meghna in das Bengalische Meer. Die jährlich wiederkehrenden Regenzeiten und Niederschläge im Norden sorgen für Nachschub. In den dörflichen Gebieten gibt es weder eine öffentliche Wasserversorgung noch eine Abwasserentsorgung. Das Grundwasser wird als Trinkwasser, aber auch für die Bewässerung der Felder benutzt. Ohne Wasser ist eine Feldbestellung unmöglich. In der Nahrungskette nimmt es einen sehr wichtigen Platz ein. Durch die steigende Wasserentnahme und die Kanalisierung des Regenwassers bei Neubaugebieten sinkt der Grundwasserspiegel stetig. Schwengelpumpen, die vor 15 Jahren noch einwandfrei funktionierten, spenden heute vor der Regenzeit kein Wasser mehr. Hinzu kommt, dass in einigen Gebieten Arsen im Wasser festgestellt wurde. Arsen ist ein Halbmetall, sehr giftig und verursacht Hautkrankheiten. Auf natürliche Weise kommt es in den oberen Gesteinsschichten vor. Wenn das Grundwasser diese Schichten durchstösst, wird es mit Arsen kontaminiert und die entsprechenden Pumpen müssen stillgelegt werden.

Mit steigendem Wohlstand steigt auch der Stromverbrauch. Momentan decken die eigenen Kraftwerke den Bedarf nur etwa zur Hälfte. Die Verteilung der elektrischen Energie wird mit zeitlich begrenzten Abschaltungen vorgenommen. In ländlichen Gebieten kann der Stromunterbruch jeweils einen Tag oder länger dauern, weil die Industrie Priorität hat. Thermische Kraftwerke, also Diesel- und Kohlekraftwerke, übernehmen die Grundlast und die Wasserkraftwerke den Rest. Der Bedarf an Kohle ist immens, weil zusätzlich viele Ziegeleien ebenfalls mit Kohle befeuert werden. Beide sind als Dreckschleudern in Verruf geraten. Um sich von den Kohleimporten aus Indien unabhängig zu machen und den steigenden Strombedarf künftig zu decken, hat die Regierung beschlossen, ein Kernkraftwerk zu bauen. Nahe der indischen Grenze, in Rooppur, sind zwei Atommeiler durch die russische Firma Rosatom im Bau. Nach deren Inbetriebnahme wird es die doppelte Leistung des Schweizerischen Kernkraftwerks Leibstadt aufweisen.

Das Land Bangladesch ist reich an Sand, aber arm an anderen Bodenschätzen und Rohstoffen. Allerdings wurden grosse Erdgasfelder entdeckt, die nun ausgebeutet werden. Die Luftverschmutzung in den grossen Städten ist markant zurückgegangen, seit die Regierung vorgeschrieben hat, Verbrennungsmotoren auf CNG (Compressed Natural Gas) umzurüsten.

Allen voran China, aber auch andere Industriestaaten, haben mit ihren Produkten Bangladesch regelrecht überschwemmt. In den grossen Einkaufscentern ist heute vom Computer über Batteriespielzeuge und Elektrogeräte fast alles zu haben. Wohin mit den gebrauchten Geräten, mit all den Batterien und der Plastikflut? Die Geschäfte nehmen nichts zurück, weil die Hersteller in China auch nichts zurücknehmen. Für Recycling und eine professionelle Abfallverwertung hat bis heute niemand gesorgt. Einzig die PET-Flaschen werden eingesammelt. Damit lässt sich etwas Geld verdienen. Ein Anfang an umweltbewussten Bemühungen ist wohl festzustellen. So hat Bangladesch als eines der ersten Länder die dünnen Plastiksäckchen verboten. Diese werden inzwischen durch Jutetaschen ersetzt. Mit steigendem Lebensstandard und der steigenden Einwohnerzahl wird der Abfallberg sehr rasch anwachsen. Grosse Hilfsorganisationen hätten hier ein lohnendes Betätigungsfeld und könnten mit den Erfahrungen aus anderen Ländern einen neuen Industriezweig mit vielen Arbeitsplätzen aufbauen.

Bangladesch erlebt gegenwärtig einen gewaltigen Bauboom. Am Rande von Dhaka wird ein ganzes Stadtviertel mit 4000 Wohneinheiten aus dem Boden gestampft. Baumaschinen sind wenige zu sehen, vieles wird noch von Hand erstellt. Heerscharen von Bauarbeitern ziehen Wolkenkratzer hoch. Die Arbeitsbedingungen sind allerdings schlecht, die Sicherheit wird meist vernachlässigt. Angebot und Nachfrage beherrschen den Arbeitsmarkt. Das gilt vor allem in der Kleiderindustrie, die viele Frauen beschäftigt. Fällt eine Arbeitskraft aus, steht schon ein Dutzend anderer auf Arbeitssuche vor der Tür.

Ein Konsortium aus einem italienischen und einem thailändischen Unternehmen erstellt in Dhaka eine Metro und eine chinesische Firma baut eine Brücke über den Padma, die längste von ganz Südostasien. Leider beschäftigen die Ausländerfirmen kaum einheimische Arbeitskräfte. Für den Brückenbau bringen die Chinesen alles aus ihrem eigenen Land mit – angefangen von den Maschinen über das Material bis zum Ingenieur, dem Arbeiter, dem Essen und den dazugehörenden Stäbchen.

Bangladesch kennt kein Sozialsystem. Geht es einem Familienmitglied schlecht, nehmen die direkten Angehörigen oder die nähere Verwandtschaft soziale Aufgaben und finanzielle Verpflichtungen wahr. Zu Krankenkassen oder Versicherungen haben nur die Reichsten Zugang. Deshalb hat Shanti-Schweiz bei beiden Organisationen mit einer Einmaleinlage einen Fond gegründet, eine Art private Krankenkasse. Alle Mitarbeitenden beider Organisationen zahlen monatlich einen bescheidenen Betrag ein, erhalten dafür bei Krankheit oder einer Operation finanzielle Unterstützung. Das Land verfügt über ein riesiges Menschenpotential mit begeisterten und fleissigen Jugendlichen, die stolz auf ihr Land sind.

Summa summarum: Bangladesch darf zuversichtlich in die Zukunft blicken.

Risiken in einem fremden Land

Dass ich damals mit dem IKRK-Einsatz in Bangladesch ein Risiko eingegangen war, realisierte ich erst später so richtig. Meine Frau war wirklich grosszügig, dass sie mich als jungen Familienvater hatte ziehen lassen. In den Medien wurde wohl hin und wieder über Zwischenfälle von IKRK-Mitarbeitern berichtet, die verunfallten oder sogar den Tod im Einsatz fanden, aber solchen Meldungen schenkte ich früher kaum Beachtung. Als ich Jahre darauf nach meinen Einsätzen bei Gritli Schmid allein Indien bereiste, dachte ich nicht im Geringsten daran, zu erkranken oder einen Unfall zu erleiden.

So ganz ungefährlich waren meine späteren Aufenthalte in Bangladesch auch wieder nicht. Landesweite Streiks waren an der Tagesordnung. Es waren politische Streiks, die von der Gegenpartei ausgerufen wurden, um der regierenden Partei zu beweisen, dass sie unfähig war, für Ruhe und Ordnung zu sorgen. Wir mussten oft tagelang im Camp bleiben, niemand durfte auf die Strasse. Die Schulen und Läden wurden geschlossen und die Industrie stand still. Auch die Rikschafahrer hatten kein Einkommen mehr. Wollten Taxi oder Busse trotz des Verbots den Dienst aufrechterhalten, wurden die Fahrzeuge kurzerhand angezündet, ob besetzt oder leer. Niemand wurde zur Rechenschaft gezogen. Nach einem Attentat auf mehrere Ausländer durfte ich nicht mehr in einem öffentlichen Bus reisen. Für dringende Fahrten gab man mir Polizeischutz. Unser Privatauto wurde durch eine Polizeieskorte auf Motorrädern begleitet. Sicher gut gemeint, aber auffälliger ging es wohl nicht mehr.

Dass ich dann doch noch gesundheitliche Probleme bekommen sollte, hätte ich nicht erwartet. In Rudrapur hatte ich plötzlich mit Herzproblemen zu kämpfen. Aber ich war in guter Obhut. Von Minara wurde ich in das nächste Spital in Dinajpur gebracht. Nun musste ich die desolaten Zustände, wie ich sie in Indien gesehen hatte, auch in einem staatlichen Spital in Bangladesch am eigenen Leib erfahren. In einem offenen, langgezogenen Saal standen links und rechts Betten dicht nebeneinander. Inmitten der vielen Patienten wurde mir eine Liege zugewiesen. Der Bettüberzug war so schmutzig, dass meine ungewaschenen Jeans direkt sauber waren. Ich wurde wohl an den Tropf gehängt, aber das war es dann auch. Minara wich nicht von meiner Seite und organisierte eine Ambulanz. Am nächsten Tag wurde ich mit Blaulicht und heulenden Sirenen in ein Herzspital nach Dhaka verlegt. Es war eine zehnstündige Horrorfahrt auf miserablen Strassen. Rechts und links wurden wir von Bussen und Lastwagen überholt und wenn wir im Stau steckenblieben, wich trotz eingeschalteter Sirenen niemand zur Seite. Medizinische Geräte für einen Notfall waren im Fahrzeug keine vorhanden. Einzig in einer Ecke entdeckte ich einen Feuerlöscher.

Nach zwei erfolglosen Operationen in Dhaka wurde ich vom Chefarzt entlassen mit der Bemerkung, ich solle in die Schweiz zurückkehren. Mein Zustand hatte sich unterdessen derart verschlechtert, dass ich einen Rückflug nicht überlebt hätte. Stefan Kaiser, der Zivildienstleistende, alarmierte die REGA, die mich in einem Jet nach Bangkok flog, wo dann der Eingriff erfolgreich war. Stefan hatte überlegt gehandelt und damit mein Leben gerettet.

Grenzen der Hilfsbereitschaft

Dass die Hilfsbereitschaft Grenzen hat, erlebte ich zuerst im Spital von Naini. Dort lebte ich direkt mit den Leprakranken, mit den Ärmsten der Armen, zusammen. In den ersten Nächten schlief ich schlecht. Schweissgebadet wachte ich jeweils auf, wenn ich von Lepra verstümmelten Menschen träumte. Ich fragte mich immer wieder, warum ausgerechnet wir vom Schicksal bevorzugt behandelt werden. So plagte mich in den ersten Tagen ein schlechtes Gewissen. Allmählich konnte ich die Wirklichkeit akzeptieren und habe aufgehört, nach dem Warum zu fragen. Es gibt auf der Welt Millionen von Schicksalen, die ein einzelner Mensch nicht mittragen kann und wo auch Schuldgefühle nicht von Nutzen sind. Und dass man nicht allen helfen kann, realisierte ich spätesten anlässlich eines Besuchs bei Jack Preger in Kalkutta. Er nahm mich mit in eines von vielen Elendsvierteln. Kilometerlang reihten sich Blechhütten an Blechhütten beidseitig vom Hugli. Alles in allem eine Stadt für sich. Wir können uns schlichtweg nicht vorstellen, unter welchen katastrophalen Lebensumständen die Bewohner dort leben müssen. Als eine eingeschworene Schicksalsgemeinschaft versuchen die dort lebenden und teilweise dahinvegetierenden Menschen den Alltag mit Gelegenheitsarbeiten zu meistern. Mir fiel es wie Schuppen von den Augen, dass nicht die Millionen und Abermillionen Armen weit weg von unserem Zuhause die Ausnahme sind, sondern:

> «Wir, die wir in einem gewissen Wohlstand leben dürfen
> und uns nicht um das tägliche Brot kümmern müssen,
> sind die Ausnahme auf dieser Welt.»

Entwicklungshilfe und Drittweltländer

«Entwicklungshilfe» und «Drittweltländer» sind Wörter, die ich zutiefst verabscheue. Beide klingen arrogant gegenüber anderen Völkern und Kulturen. Weder Menschen noch andere Nationen müssen «entwickelt» werden. Und was bei uns als Fortschritt bezeichnet wird, muss nicht unbedingt ein Fortschritt für andere Länder sein.

Es gibt unglaublich viel Armut auf dieser Welt und wir vom Westen sind diesen Armen etwas schuldig. Das ist meine persönliche Meinung. Wie und womit ihnen geholfen werden kann, darüber gehen die Meinungen auseinander. Auf meinen Reisen in Indien besuchte ich verschiedene Hilfsorganisationen und die Schlüsse, die ich daraus ziehen konnte, möchte ich hier möglichst neutral wiedergeben.

Clevere private Unternehmer haben eine Marktlücke entdeckt und bieten sozial eingestellten Freiwilligen pauschal einen humanitären Einsatz an. Ich habe solche Gutgläubigen kennengelernt, die für einen Aufenthalt in Südindien teuer bezahlt haben, aber dort letztendlich kaum etwas bewirken konnten. Reich geworden sind nur die Vermittler eines solchen Arrangements. Die Branche der «Entwicklungshilfe» ist zu einem grossen Arbeitgeber geworden und zu einer eigentlichen Industrie verkommen. Grössere Hilfsorganisationen beschäftigen festangestellte Personen, die entlöhnt werden müssen. Zu wenige Einnahmen können jedoch zur Entlassung von Angestellten führen. Die Spendengelder sind somit hart umkämpft – nicht zuletzt deshalb, weil es um das Überleben der eigenen Organisation geht. Mit allen Mitteln wird versucht, Spenden einzutreiben. In den Medien wird sogar um Nachlasse (Legate) gebuhlt, was ich als sehr geschmacklos empfinde. Aber nicht nur bei uns spürt man den Konkurrenzkampf unter den Hilfsorganisationen. In Ländern, in denen kriegerische Ereignisse oder Naturkatastrophen stattfinden, will jedes Hilfswerk und jede karitative Vereinigung ganz vorne dabei sein, um die schrecklichsten Bilder als Erste in den Medien sowie in Bettelbriefen präsentieren zu können. Weil es uns im Westen so gut geht, appellieren die Medien besonders regelmässig vor

Weihnachten an unser «schlechtes Gewissen», das wir doch unweigerlich gegenüber den Armen haben müssen. Dabei wird mit Schreckensbildern kräftig auf die Tränendrüsen gedrückt. Die Reklamesendungen im Fernsehen kosten sicher viel Geld. Eine kleine Organisation hat mit dieser Art von Werbung keine Chancen. Kleine und kleinste Hilfswerke arbeiten meistens mit Freiwilligen, haben deshalb auch deutlich niedrigere Unkosten und sind alles in allem gesehen viel effektiver. So werden die Spenden, wie auch bei Shanti-Schweiz, fast zu 100 Prozent direkt an Ort und Stelle eingesetzt.

In Indien habe ich einige Grundschulen besucht, die von Hilfswerken gegründet wurden. Es waren Schulen vom Kindergarten bis hin zur neunten Klasse, die wirklich gut funktionierten. Eine gute Grundausbildung löst zwar nicht alle Probleme, aber doch einige. So wird dadurch beispielsweise das Problem der Überbevölkerung positiv beeinflusst. Denn Familien mit Bildung haben heute eines bis maximal drei Kinder. Früher, da waren es bis sieben oder acht.

Was nun aber die Gründung einer Schule durch eine humanitäre Arbeit betrifft, so ist dies eine Sache – eine Schule jedoch längerfristig zu betreiben, das ist eine andere. Es mag sehr attraktiv sein, einen grossen Geldbetrag für einen Schulhausneubau zu spenden. Die Handwerker vor Ort erhalten dadurch Arbeit und Einkommen und das Resultat mag sich sehen lassen. Nur, ein schönes Schulhaus allein macht noch lange keine gute Schule aus. Die laufenden Kosten für Gehälter, die Ausgaben für das Schulmaterial und den Unterhalt der Gebäude müssen für mehrere Jahre gesichert sein. Wünschenswert wäre, dass die Schulen später von einer örtlichen Institution oder gar vom Staat weitergeführt würden.

Ich habe mit der Frage, was denn die Schüler nach dem neunten Schuljahr machen, wenn sie aus der Grundschule entlassen werden, manche Organisationen in Verlegenheit gebracht. Meist bekam ich zur Antwort, dass die besonders Begabten mit Hilfe von Patenschaften ein höheres Studium beginnen können. Und die restlichen Schüler seien im Leben mit einer guten Allgemeinbildung besser gewappnet als die Analphabeten. Dies mag vordergründig in einer gewissen Hinsicht stimmen, doch solche und ähnliche Antworten befriedigen mich in keiner Weise. Da letztendlich längst nicht alle studieren können, klafft hier eine grosse Lücke, nämlich die der Handwerkerausbildung.

Ich habe Hochschulabsolventen getroffen, die nach ihrem Studium keine Beschäftigung fanden, weil es als langjährig Ausgebildete unter ihrer Würde war, ein Werkzeug in die Finger zu nehmen. Und so kann man nur hoffen, dass immer mehr Länder auf den Geschmack einer Berufsausbildung kommen, die man den Grundschulabgängern anbieten kann. Der Spruch *Handwerk hat goldenen Boden* wird in Zukunft wieder vermehrt seine Gültigkeit erlangen.

Auf meinen vielen Reisen in Indien habe ich beobachten können, dass es Gebiete gibt, die keine Hilfe mehr nötig hätten, wo aber dennoch «Entwicklungshilfe» geleistet wird. In den Bundesstaaten Bihar und Westbengalen mit der Hauptstadt Kalkutta herrscht immer noch sehr grosse Armut. Da ist Unterstützung immer noch angesagt, weil der Staat zu wenig macht. Im Gegensatz dazu würde es im Süden von Indien meiner Meinung nach keine Entwicklungshilfe mehr brauchen. Der Bundesstaat Karnataka mit der Hauptstadt Bangalore wird als «Silicon Valley von Indien» bezeichnet – ein Ausdruck von Reichtum und Wohlstand.

Früher oder später müssen sich die Staaten, die teilweise von Hilfswerken leben, abnabeln und selbstständig werden. Doch momentan fehlt noch bei vielen das Interesse daran, denn die ausländischen Hilfsorganisationen sind gute Arbeitgeber und damit auch gute Steuerzahler. Zudem stellen sie, solange die jeweiligen Regierungen noch korrupt und unfähig sind, ein Land zu regieren, eine mehr oder weniger sichere Geldquelle dar. Solange kein Wille zur Veränderung da ist und niemand die nötigen Schritte unternimmt, solange bleibt alles beim Alten. Eine andere Frage ist, ob die grossen Hilfsorganisationen überhaupt Interesse daran haben, in einem Land die Hilfe einzustellen, wenn dann auch ihre Existenz auf dem Spiel steht.

Überbevölkerung, Armut und Hunger

Die Überbevölkerung gilt heute als eines der grossen globalen Probleme. In armen Ländern ist der Kinderreichtum zugleich die Lebensversicherung für betagte Eltern. Die Armut auf dem Lande ist allgemein höher als in der Stadt und damit ist auch die Kinderschar grösser. In all den Jahren habe ich beobachten können, dass mit einer guten Allgemeinbildung ein gewisser Wohlstand einhergeht und die Geburtenzahl sinkt. Es ist nicht so, wie oftmals bei uns im Westen behauptet wird, dass wenn die dortigen Menschen weniger Kinder auf die Welt stellen würden, die Armut deswegen besser überwunden werden könnte. Es ist vielmehr so, dass eine grosse Kinderschar für die Eltern eine Art Altersversicherung darstellt. Denn eine soziale Absicherung gibt es in einem Land wie Bangladesch bis heute nicht. Und deshalb bin ich der Meinung:

Armut produziert Überbevölkerung und nicht umgekehrt

Gewaltsam oder mit einer Zwängerei ist dem Problem der Überbevölkerung nicht beizukommen. Nur kulturelle und ökonomische Bedingungen im jeweiligen Land können den Rahmen für eine Geburtenregelung schaffen. Ehepaare müssen die Freiheit haben, die Anzahl ihrer Kinder selber zu bestimmen.

Kinderreichtum durch Armut

Viel körperliche Arbeit

Kleines Dorf in ländlichem Gebiet

Adivasi-Dorf in Naogaon

Arme und Reiche gab es schon immer, soweit man die Geschichte zurückverfolgen kann. So wie der Reichtum ist leider auch die Armut «vererbbar». Kinder, die in den Slums von Grossstädten, in Flüchtlingslagern oder als Unberührbare geboren werden, haben praktisch keine Chance, ihr Leben zu verändern. Immer wieder steht mir das Bild von Familien in den Elendsvierteln von Kalkutta vor dem geistigen Auge, die jeden Tag buchstäblich um das nackte Überleben kämpfen müssen. Die Jugendlichen sind in einem Teufelskreis von Armut gefangen, den zu durchbrechen nur wenigen gelingt. Bedenklich ist deshalb, dass heute weltweit immer grössere Reichtümer auf immer weniger Leute verschoben werden.

Ein weiteres Problem in vielen Ländern ist der Mangel an sauberem Wasser. Wasser ist das wichtigste Nahrungsmittel und ohne Wasser gibt es kein Leben. Seit Jahren sind weltweit Bestrebungen im Gange, den Handel mit Trinkwasser zu privatisieren. Laut UNO ist der Zugang zu sauberem Trinkwasser aber ein Menschenrecht. Und somit dürfen nie Private den Handel mit Wasser übernehmen. Denn es gibt Beispiele, die gezeigt haben, dass Verteiler nach kurzer Zeit die Preise erhöhten. Einmal mehr traf es wieder die Ärmsten der Armen. Weil sie die Preise nicht mehr bezahlen konnten, wurde ihnen der Hahn zugedreht.

In einem Elendsviertel in Kalkutta

Zweifelsohne haben wir im Umgang mit Wasser grosse Fehler begangen. Die vielen gut funktionierenden Kläranlagen können jedoch nicht darüber hinwegtäuschen, dass weltweit die Verschmutzung der Gewässer

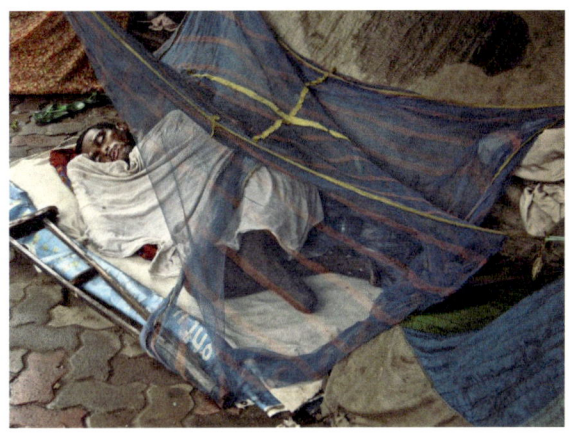

Das Zuhause von diesem Leprakranken ist die Strasse.

bedenklich zugenommen hat. Die Menge und die Giftigkeit des Abfalls verunmöglichen an vielen Orten eine natürliche Erholung des Wasserkreislaufs. Mit der Abholzung der Wälder fehlt der natürliche «Schwamm», der früher bei Regenperioden das Wasser speicherte. Die rücksichtslose Entnahme von Grundwasser wiederum hat zur Folge, dass der Spiegel immer weiter absinkt. Ein weiteres Problem sind die vielen zugeteerten Strassen und Plätze, die kein Regenwasser mehr versickern lassen. Die Grundwasserspeicher werden nicht mehr aufgefüllt. Oberflächlich und kanalisiert gelangt es direkt in die Flüsse und die Überschwemmungsgefahr nimmt zu. In Küstennähe besteht die Gefahr, dass sich das Salzwasser mit dem Grundwasser vermischt. In den nächsten Jahrzehnten sind somit Konflikte und Auseinandersetzungen um das Wasser vorprogrammiert.

Erfahrungen im Alltag

Sei es in Indien oder Bangladesch, der Alltag wird durch die Religionen stark beeinflusst. Das Zusammenleben unserer Studenten, die verschiedenen Religionen angehören wie Hinduismus, Islam oder dem Christentum, ist kein Problem. Die Hindus haben sich einen kleinen Tempel gebaut und brennen ihre Räucherstäbchen ab und die Moslems verrichten ihre vorgeschriebenen Gebete und halten während des Ramadans strikt die Essensvorschriften ein. Die Feiertage werden gemeinsam gefeiert, auch Weihnachten und Ostern. Es herrscht eine bemerkenswerte Toleranz. Für Muslims, aber auch für Hindus ist es schlichtweg unvorstellbar, keiner Religion anzugehören. Hin und wieder werde ich über meine Religionszugehörigkeit befragt. Meist geben sie sich mit der Antwort, ich sei Christ, zufrieden. Nicht so der Student Sujon. Er wollte wissen, warum ich denn sonntags nicht wie alle anderen Christen eine Kirche besuchen würde. Ich antwortete ihm, im Adivasi-Gebiet gebe es eine Kirche, aber die sei zu weit weg. Da Gott überall allgegenwärtig sei, könne ich auch im stillen Kämmerlein zu ihm beten. Das leuchtete ihm ein. Dass ich keiner Glaubensgemeinschaft angehörte, durfte ich keinesfalls erwähnen. Er wäre schockiert gewesen und hätte die Welt nicht mehr verstanden. So blieb die Kirche im Dorf, wie man so schön sagt.

Die Medien haben weltweit einen grossen Einfluss auf die Meinungsbildung über andere Länder und Kulturen. Fernsehempfang ist fast überall möglich und damit können auch die Reklamesendungen angeschaut werden, die eine heile Welt vorgaukeln. Wir im Westen sind nach ihrer Meinung alle reich. So erzählte mir ein Koch sein «bitteres Schicksal», er sei sehr arm und ihm würden 1500 Euro für den Hausbau fehlen. Das sei für mich doch kein Problem. Anfangs regte sich in mir so etwas wie ein schlechtes Gewissen, weil ich nicht helfen konnte. Heute werde ich über solche plumpen Betteleien wütend.

Hin und wieder werde ich auch von einem Studenten gefragt, was ich verdiene. Dann stelle ich jeweils die Gegenfrage: «Wie viel kostet bei euch das Trinkwasser, die Abwasserentsorgung, die Krankenkasse, fallen Heizkosten an, wie viele Steuern müsst ihr dem Staat abliefern usw.? Sehr viele Familien leben unter dem Existenzminimum und zahlen keine Steuern. Siehst du, das sind alles Auslagen, die ihr nicht habt. Ich verdiene so viel, dass ich jeweils Ende Monat alle Rechnungen bezahlen kann. Und wenn ich Glück habe, bleibt noch etwas übrig. Unser Einkommen müssen wir hart verdienen, uns wird auch nichts geschenkt.» Auf keinen Fall darf ein Betrag genannt werden. Sie können nur einen Vergleich mit ihrem kargen Verdienst ziehen und wären dann geschockt. Wie war das früher in meiner Jugendzeit? Unser kleines Dorf erhielt manchmal Besuch von ehemaligen Auswanderern. Für uns Kinder war damals klar, dass diese Amerikaner alle sehr reich sein mussten.

Im Großen und Ganzen hatte ich all die Zeit mit grundehrlichen Leuten zu tun. Wie überall gibt es Ausnahmen, denn Gelegenheit macht Diebe. Eines schönen Tages besuchte mich eine ganze Gruppe in meinem Zimmer. Ich war just in diesem Moment damit beschäftigt, ein Bündel Banknoten zu verstauen. Ein paar Tage später war es weg. Ich wollte keinen Aufruhr provozieren und bat Uttam, mir bei der Suche zu helfen. Ohne Erfolg, das Geld war weg – gestohlen. Ich sagte zu ihm, bitte erzähle das nicht weiter, sonst könnten Unschuldige verdächtigt werden. Wir konnten den Dieb nie ausfindig machen. Daraus habe ich gelernt, zum Beispiel, dass bei geöffnetem Portemonnaie nur Kleingeld sichtbar sein sollte.

Erfahrungen im Schulbetrieb

Nicht jedes Land hat in der Vergangenheit gute Erfahrungen mit Hilfswerken und NGOs gemacht. Deshalb gibt es in den sogenannten «Entwicklungsländer» staatliche Regeln und Vorschriften, die zu beachten sind. Eine eigene NGO zu gründen, ist in Bangladesch ohnehin nicht mehr möglich. Organisationen, die beim Staat nicht registriert sind, werden geschlossen. Im Nachhinein sind wir froh, dass beide Elektrikerschulen von bengalischen Organisationen betreut werden. So wurde von ihnen beim Ministerium erreicht, dass die Schulen anerkannt sind. Das Ausbildungskonzept, angelehnt an unser Dualsystem, wurde akzeptiert. Nach der Ausbildung erhalten unsere Studenten ein vom Staat ausgestelltes Zertifikat. Die Möglichkeit besteht sogar, dass der Staat später die Schulen übernehmen wird. Ein direkter Kontakt und die umfangreiche Korrespondenz mit den Ministerien wäre für Shanti-Schweiz unmöglich gewesen.

Staatliche Zertifikate für DESI in Rudrapur und RESI in Paturia

Wäre unser Verein reich gewesen, hätten wir in Rudrapur von Anfang an ein neues Schulhaus, ausgestattet mit allen technischen Raffinessen aus Europa, bauen lassen. Wir mussten uns mit wenig Geld zufriedengeben und starteten die Schule ohne Tische und Stühle mit nur wenig Schul- und Elektromaterial. Das schmale Budget erlaubte keine grossen Anschaffungen. Heute sehe ich dies positiv, denn wir konnten später einkaufen, was in Bangladesch gebräuchlich ist, und damit auch noch die ortsansässigen Geschäfte unterstützen. Ausserdem war es für uns immer wieder ein Erfolgserlebnis, wenn wir die Schule Jahr für Jahr weiter ausbauen konnten, sei es mit Messgeräten oder mit Computerplätzen. Wir haben ihnen nichts auf dem Silbertablett serviert, alle mussten mithelfen und Hand anlegen. Wiederholt habe ich zu den Lehrern gesagt: «Es ist eure Schule, nicht meine.» Damit übertrug ich ihnen viel Verantwortung. Stolz und mit ein wenig Ehrgeiz werben sie heute für **ihre** Schulen.

Bangladesch wurde, wie Indien, von England verwaltet und die Bevölkerung hatte den Kolonialherren zu gehorchen. Hin und wieder spürte ich, dass die «britische Zeit» einen Fussabdruck hinterlassen hatte. Die Lehrer getrauten sich nicht, mir von aufgetretenen Problemen zu erzählen. Meistens erwähnten sie diese erst am Ende meines Aufenthaltes. «Warum kommt ihr damit erst jetzt zu mir»?, wollte ich von ihnen wissen, denn wir hatten kaum noch Zeit, darüber zu diskutieren. «Wir hatten Angst, dass ihr uns nicht mehr unterstützen würdet», war ihre Antwort. Heute sind sie sehr selbstbewusst und präsentieren mir bereits Lösungen.

Auch ich musste mich in vielerlei Hinsicht anpassen. Die Uhren laufen anders als bei uns. Bei einer Abmachung darf man sich über Verspätungen nicht aufregen, niemand würde dies verstehen. Gelernt habe ich auch, Geduld zu üben, sehr viel Geduld. Auch beim Ausbildungsprogramm habe ich mich anpassen müssen. Bei uns nehmen z. B. die elektrischen Kochherde und die Speicherheizungen im Stundenplan einen wichtigen Platz ein. Nicht so in Bangladesch. Gekocht wird mit Gas und die Häuser müssen im Winter nicht geheizt werden. Diesen, schon vorbereiteten Unterrichtsstoff musste ich streichen, denn ich wollte ihnen nichts aufzwingen, was nur Ballast gewesen wäre.

Wo Menschen eng zusammenleben, gibt es Reibungsflächen mit Meinungsverschiedenheiten und Unstimmigkeiten oder sogar Streit. Das war besonders bei unserer Schule der Fall, weil die Lehrer im Schulhaus nicht nur unterrichteten, sondern auch dort wohnten. Nun, bei einem Streit gibt es immer zwei Seiten und beide Seiten müssen angehört werden, bevor man sich eine eigene Meinung bilden kann. Meist waren es nur Kleinigkeiten, die die Nerven strapazierten. Nach einer gemeinsamen Aussprache waren die bald geklärt – mit einer Ausnahme. Pronob, den wir nach dem Abgang von Tobir als Praktikumslehrer eingestellt hatten, schimpfte vor der ganzen Klasse über seinen Kollegen und beschuldigte ihn, nichts von Technik zu verstehen. Zufällig war ich in der Klasse und konnte mich kaum mehr zurückhalten. Anschliessend begab ich mich in mein Zimmer und überlegte mein Vorgehen und rief ihn zu mir. Obwohl einen Lehrer zu finden äusserst schwierig war und ich ihn zuerst wieder ausbilden musste, teilte ich ihm mit, dass er sofort entlassen sei. Leider war ich dazu nicht berechtigt und er legte bei der Direktion Berufung ein. Nach langem Zögern wurde ihm dann doch die Kündigung ausgesprochen.

Der Mensch lebt nicht vom Brot allein. Er braucht hin und wieder ein Kompliment. Am richtigen Ort und zum richtigen Zeitpunkt kann es Wunder bewirken. Umgekehrt habe ich nie einen Lehrer vor der Klasse korrigiert. Erst nach der Lektion habe ich ihn diplomatisch auf den Fehler aufmerksam gemacht.

Nach den ersten drei Jahren wurde ein Gerücht gestreut, dass die Schule geschlossen und das Gebäude anderweitig genutzt würde. Auf dem Wochenmarkt war es das Tagesgespräch. Wie sollte ich darauf reagieren? Ich ging gar nicht darauf ein, sondern zeigte ihnen die zukünftige Entwicklung der Technik auf und wie wir die nächsten Kurse anpassen wollten.

War es Neid? Neid ist eine uralte, menschliche Eigenschaft, die viel zerstören kann. Schon die zehn Gebote lehren, dass man nicht neidisch sein soll. Leider wurde auch ich damit immer wieder konfrontiert. Wilhelm Busch sah im Neid auch etwas Positives nämlich:

Der Neid ist die aufrichtigste Form der Anerkennung.

Rückschau und Abschied von einem geliebten Menschen

Wiederholt habe ich in diesem Buch von Zufällen geschrieben. Doch war wirklich alles nur Zufall? Erst 35 Jahre später erfuhr ich von Kurt Tanner, der mich damals in New Delhi abgeholt hatte, dass mein Einsatzplan beim Abflug nochmals abgeändert worden war. Der Pilot hätte mich von Kalkutta nicht nach Dhaka, sondern nach Islamabad, Pakistan, fliegen sollen. Entweder hatte er den Funkspruch nicht gehört oder es war für eine Umkehr zu spät. Wurde der Weg für mich damit nach meiner Pensionierung vom Schicksal vorgezeichnet? Darauf werde ich wohl nie eine Antwort bekommen.

Zum Erfolg einer derartigen Arbeit, wie ich sie verrichten durfte, brauchte es aber auch eine Frau, die dies gestattete. Marty hat den Verein und alle damit verbundenen Projekte während ihrer ganzen Lebenszeit von zu Hause aus mitgetragen. Einmal hat sie mich sogar nach Bangladesch begleitet und daheim auf die Annehmlichkeiten des Ruhestandes verzichtet. Ich selber habe meine ganze Freizeit in diese Projekte gesteckt, in Bangladesch wie auch zu Hause. Marty hat dabei grosszügig darüber hinweggeschaut und mich immer wieder hinfliegen lassen.

An einem Sonntag im Dezember 2019 fühlte sie sich plötzlich unwohl und begab sich frühzeitig zu Bett. Als ich mich später zu ihr begab, um mich nach ihrem Befinden zu erkundigen, tat sie ihre letzten Atemzüge und war nicht mehr ansprechbar. Herzstillstand. Wir konnten uns nicht mehr gegenseitig verabschieden. Und dies nach 51jähriger Ehe! Ich hätte sie gerne dafür um Verzeihung gebeten, dass meine Aufmerksamkeit in den letzten Jahren mehr Bangladesch als ihr gegolten hatte. Schockiert stand ich da und fühlte mich hilflos, einsam und verlassen. Als ich mich schliesslich wieder einigermassen gefasst hatte, rief ich meinen jüngeren Sohn an.

Was nachher geschah, nahm ich nur noch wie durch einen Schleier wahr und fühlte mich wie ein aussenstehender Beobachter. Zwei Männer von einem Beerdigungsinstitut legten meine Frau auf eine Bahre, nahmen ihr den Ehering und die Uhr ab und trugen sie hinaus aus der Wohnung. In diesem Augenblick starb auch ein Teil von mir. Es brach mir fast das Herz. So geht man von dieser Welt, alle Besitztümer zurücklassend. Ein jeder muss da durch. Denn nichts ist sicherer als der Tod. **Er ist todsicher.** Früher oder später. Mit Nichts geht man – so wie man mit Nichts gekommen ist.

Würde ich mich nochmals für die Armen einsetzen? Lohnt es sich überhaupt? Ja, ich würde den gleichen Weg wieder gehen, denn:

**Wir sind nicht nur für das verantwortlich, was wir tun,
sondern auch für das, was wir nicht tun.**

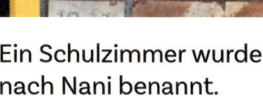

Ein Schulzimmer wurde
nach Nani benannt.

Diesen «Token of Love» hat Jahid bei
einem Besuch in Buchs mitgebracht.